杨绛传

大美不争，大慈无声

王奕鑫◎著

台海出版社

图书在版编目（CIP）数据

杨绛传：大美不争，大慈无声 / 王奕鑫著 .

北京：台海出版社，2025. 2. -- ISBN 978-7-5168
-4077-1

Ⅰ . K825.6

中国国家版本馆 CIP 数据核字第 2025JX3760 号

杨绛传：大美不争，大慈无声

著　　　者：王奕鑫	
责任编辑：曹任云	封面设计：颜森设计

出版发行：台海出版社

地　　　址：北京市东城区景山东街20号　邮政编码：100009

电　　　话：010-64041652（发行，邮购）

传　　　真：010-84045799（总编室）

网　　　址：www.taimeng.org.cn/thcbs/default.htm

E - m a i l：thcbs@126.com

经　　　销：全国各地新华书店

印　　　刷：三河市嵩川印刷有限公司

本书如有破损、缺页、装订错误，请与本社联系调换

开　　本：880毫米 × 1230毫米　　1/32	
字　　数：120千字	印　　张：5.625
版　　次：2025年2月第1版	印　　次：2025年2月第1次印刷
书　　号：ISBN 978-7-5168-4077-1	

定　　价：39.80元

序言

Foreword

　　这个世界上没有不带伤的人。无论什么时候，你都要相信，真正能治愈自己的只有自己。不去抱怨，不怕孤单，努力沉淀，世间皆苦，唯有自渡。愿你内心山河壮阔，始终相信人间值得。杨绛就是这样一个始终以温暖积极之心面对人间的人，正因这份积极与从容，才能在岁月更迭中，始终坚持独属自己的生活之道。

　　杨绛出生于一个温暖的书香世家，父严母慈，父母之间的爱情与尊重滋养了杨绛的内心，给她带来了满满的安全感，也为她在往后的岁月中始终保持乐观与坚韧埋下了一颗种子。

　　关于杨绛女士，世间流传着无数赞誉之词。她的才情，不仅源于天赋，更得益于父亲杨荫杭的悉心教导，他用自己的言行和学识，为儿女们树立了良好的榜样。在杨家的书房里，杨荫杭经常与孩子们共读经典，探讨文学、哲学和人生，并鼓励他们独立思考，勇于探索，不断拓宽自己的视野和知识面。

世间女子，各有其独特之美，杨绛女士正如一颗璀璨的星辰，宁静而耀眼。她的存在，就像一首隽永的诗篇，静静流淌着岁月的光华；她的绽放，宛如一朵盛开的花朵，在时光的流转中，始终保持着那份独有的芬芳。

目

Contents

录

第一章　书香世家，严父慈母

家世渊源，书香萦绕 …………………… 002

突逢巨变，祸不单行 …………………… 006

就读于启明学校 ………………………… 010

考入振华女中 …………………………… 016

考入东吴大学 …………………………… 022

笙箫合奏的友谊 ………………………… 026

罢考风潮 ………………………………… 029

燕京岁月，学海无涯 …………………… 032

借读于清华大学 ………………………… 036

第二章　缘分已在冥冥中

初遇就是一眼万年 ……………………… 042

婉拒费孝通 ……………………………… 046

鱼雁传情难解相思苦 …………………… 050

任职小学教师 …………………………… 054

考进清华大学研究院 …………………… 059

苏州大婚 ………………………………… 063

第三章　夫唱妇随，伉俪情深

年轻伉俪牛津求学 ……………………… 070

"笨手笨脚"的丈夫 …………………… 075

洗手作羹汤 ……………………………… 078

初为人母的喜悦 ………………………… 082

月子鸡汤 ………………………………… 087

求学巴黎 ………………………………… 090

第四章 心系同胞，回归故土

舍安宁赴国难 …………………… 096
痛失慈母 …………………… 100
任职振华女校分校校长 …………… 104
只有死别，不再生离 …………… 108
父亲去世 …………………… 113

第五章 最贤的妻，最才的女

《称心如意》一炮而红 …………… 118
"杨绛"之名的由来 …………… 122
《弄真成假》与《游戏人间》…… 125
悲剧《风絮》 …………………… 129
甘做"灶下婢"，助《围城》惊世 … 132
译英国散文 …………………… 135
回清华大学执教 …………………… 138
辅导女儿 …………………… 141

第六章 风雨人生，淡然处之

下乡"过五关" …………………… 146
每日一封家书 …………………… 148
夹缝中的微光 …………………… 150
永恒的《堂吉诃德》 …………… 152

第七章 绵长不以生死度

女儿病逝 …………………… 156
爱人离世 …………………… 159
写下《我们仨》 …………………… 162
设立"好读书"奖励基金 ………… 165
怀念如此美好 …………………… 168
百岁人生，天国团聚 …………… 171

书香世家，严父慈母

　　在杨家那座宁静的宅院里，伴随着一声清脆的婴儿啼哭，小杨绛降生了。她的到来，为杨家注入了新的生机和活力，也预示着她将继承家族的文学传统，走上非凡的人生道路。在严父慈母的教诲与熏陶下，她茁壮成长，历经振华女校洗礼，东吴大学深造，清华大学借读，杨绛的求学之路充满智慧与光芒，书写着属于她自己的传奇篇章。

家世渊源，书香萦绕

　　杨绛的故乡在江苏无锡，以前杨氏家族世代居住在此，虽然不是权贵，但因为是书香门第，在当地也算小有名气。这样的书香世家最能让一个女孩成长为内心明朗、安之若素的女子，更何况无锡这座城市素来是人文荟萃、英才辈出之地。

　　1911年7月17日的北京杨家大院里，杨荫杭正焦急地踱着步子，不时地朝妻子生产的房间里张望着，他在等待自己第四个孩子的出生。妻子和他已经育有三个女儿，分别是寿康、同康和闰康，也不知道第四个孩子是男孩还是女孩。

　　在那个男尊女卑的年代，每个家庭都想生个儿子，杨荫杭却十分开明，对女儿也非常疼爱。经过漫长的等待，产房中终于传出了响亮的婴儿啼哭声，他迫不及待地赶到产房门口，从产婆手中接过一个褓褓，一张粉嫩的女婴脸出现在杨荫杭眼前。他小心翼翼地抱着这个小人儿，喜欢得不得了，并为她取名为杨季康。

　　在女儿们的心中，父亲开明而威严。杨荫杭是中国近代颇有名望的进步学者，祖辈都是文人，让他得以早早接受教育，并顺利考入天津中西学堂。

青年时期的杨荫杭充满了革命和斗争精神，在天津中西学堂读书时，有学生为了伙食闹风潮，受到了掌权洋人的镇压，带头抗议的广东学生被开除。杨荫杭当时虽然并未参与，但看到其他学生畏惧的样子，挺身而出，最终也被开除，转而考入南洋公学。

在南洋公学就读期间，杨荫杭因成绩优异被派往日本早稻田大学就读，和日本留学生共同创办了《译书汇编》，译载《民约论》《自由原论》等欧美政法名著。这是留学生自主创办的首个杂志。

当时，深受西方思想熏陶的杨荫杭，怀揣着通过革命变革中国的理想。某个暑假，他回到家乡，毅然在中学里公开宣扬革命思想，拒绝对祠堂里的祖宗磕头。他的这一行为激怒了同乡，被咒骂"此人该枪毙"。没过多久，杨荫杭就因为自己的革命言论被清廷通缉，不得已只好在家人的安排下再度出国。这一次，他来到美国的宾夕法尼亚大学攻读法学。

和大多数那个年代的年轻人一样，杨荫杭很早就在父母的安排下和唐家的女儿订婚了。幸运的是，他的夫人唐须嫈并不是封建礼教的固守者，而是曾就读于著名的上海务本女中的新时代女性。唐须嫈性格沉静内敛，温婉大气，和杨荫杭之间相互欣赏，相敬如宾，二人先后养育了八个子女。

后来有人称赞杨绛对钱锺书好，杨绛却说，虽然姐妹几个人对丈夫都很好，但没有母亲对待父亲好。在《回忆我的父亲》一文中，杨绛这样写道："他们谈的话真多，过去的，当前的，有关自己的，有关亲戚朋友的，可笑的，可恨的，可气的……

他们有时嘲笑，有时感慨，有时自我检讨，有时总结经验。两人一生中长河一般的对话，听起来好像阅读拉布吕耶尔的《人性与世态》。"

对于父亲杨荫杭，杨绛有着发自内心的尊重与崇拜。杨绛说她父亲说话入情入理、出口成章，《申报》评论一篇接一篇，豪气冲天、掷地有声。她既佩服又好奇，请教秘诀，杨荫杭说："哪有什么秘诀？多读书，读好书罢了。"在父亲的影响下，杨绛爱上了读书。

母亲唐须嫈要操持一家大小的衣食住用，但她也是知书达理的奇女子，闲来无事时经常会翻阅古典文学、现代小说，并且时常提出新见解，堪称新时代女性的代表。

父母的无话不谈、伉俪情深，对杨绛产生了深远的影响。终其一生，她都在书香世家特有的开明、民主、教养中成长，她的刚烈与果断来自父亲，她的温婉与淡然来自母亲，她的独立与信仰来自家庭。她深受严父慈母爱的感染和熏陶，因此才能在风雨飘摇中随遇而安。

在杨荫杭留学归国前，唐须嫈一直独自照料三个女儿，从未有任何怨言，将家中大小事务都打理得井井有条。

1910年，杨荫杭学成回国之后，受状元实业家张謇的推荐，携孕中妻女来到北京，在北京一所政法学校授课，并兼任肃亲王善耆的法律教师。在北京待了一段时间，杨荫杭就辞职携妻女迁居上海宝昌路，重操律师旧业，并就职于上海《申报》报社，后经张謇的推举，出任江苏省高等审判厅厅长，没过多久就由于要回避本省官职而被调任浙江省高等审判厅厅长。

在任期间，有个被省长和督军庇护的恶霸，被告后意图贿赂杨荫杭，以逃避法律的制裁，杨荫杭却秉持"省长和督军不得干预"的司法独立精神，将其判处死刑。后被省长屈映光告状至总统袁世凯处。袁世凯的秘书张一麟和杨荫杭是故交，经张一麟力保，袁世凯批了"此是好人"四个大字，于1915年将杨荫杭调至北京了事。

就这样，刚出生没多久的杨绛先生就被父母携着从北京回无锡、到上海、抵杭州、回北京，将沿途的风景尽收眼底。

突逢巨变，祸不单行

杨绛 4 岁那年，和父母一同回到了北京，最开始他们租住在一户满族人家，女房主梳旗头，着旗袍，穿花盆底鞋。这种花盆底鞋中间高，两头没有支撑点，女子穿上之后走起路来摇摇晃晃，有杨柳之姿。杨荫杭问小杨绛："你长大后要不要穿这种鞋？"小季康认真思考几分钟后，果断地回答道："要！"

此时大姐、二姐在上海读书，三姐留在无锡，杨绛成了父母身边唯一的孩子。杨荫杭是个严厉的人，但在女儿面前却一直保持克制和柔和。

杨荫杭喜欢在书房午睡，因为这里最为安静，不会被人打扰。一次偶然醒来，他发现杨绛像小猫似的坐在自己身边，连添炭火都轻手轻脚，不发出一丝声响，生怕吵醒父亲。杨荫杭内心深受触动，自此之后，他允许杨绛陪在身边。在北京，杨绛享受了平和而快乐的童年，父亲却经历了事业上巨大的颠簸。

1917 年 5 月，调查津浦铁路局租车购车舞弊案，因怀疑交通总长许世英贪污，身为检察长的杨荫杭毅然决定传讯这位总长。值得一提的是，总长地位远高于杨荫杭的检察长。这一行动在社会上引起了巨大的轰动和关注。鉴于案件涉及的敏感性和影响力，杨荫杭被迫停止了对许世英的进一步审查，由此对北洋政府的政治环境感到失望。几乎与此同时，上海传来二女儿同康染上伤寒病住院的消息，这个在如今看起来微不足道的疾病，在当时医疗条件落后的情况下却足以取人性命。

唐须嫈只身南下，奔波千里，终于辗转到了女儿身边，然而慈母之心并未留住女儿的生命，没过多久，二女儿便去世了。

政治上失意加上痛失爱女，让杨荫杭决定离开北京。1919年，辞职后的杨荫杭携家人南下，匆忙地南下让杨绛没来得及收拾自己的小玩意儿，也没时间和北京的朋友聚一聚，甚至没时间回学校和同学们正式道别。多年以后，当杨绛再次回忆这段往事时，总觉得"怅然若失"。这是她人生中第一次尝到离别之苦。

杨荫杭因其刚正不阿的处事原则，在北京深受人们尊敬，很多人都舍不得他离开。他们临上火车时，前来送杨荫杭的人很多，目睹此情景的杨绛第一次对"尊敬""人心所向"有了最直观的认识。杨荫杭的骨气也在杨绛的心中埋下了种子。

一家人乘车到天津之后，乘船南下。他们乘坐的那艘船叫新铭号，船舱内又脏又挤，杨荫杭甚至抱着老七被挤进海里，好在最终获救。对同时要照顾几个孩子的杨氏夫妇来说，这艘船无疑是他们旅程中的一场噩梦。但对年仅 8 岁的杨绛来说，南下旅途中的所见所闻都是那么的新鲜有趣，父亲带上船的黄白色狮子猫也给旅途增添了生趣。

刚到江南时，杨家人还没有从失去二女儿同康的悲痛中走出来。他们在无锡沙巷租下房子，以免老宅拥挤。新租的房子厨房外有座木桥，过了桥就能到自己家后门，不出门就能看到河中往来的船只，杨绛对此感到十分新奇。

杨荫杭喜欢吃"炝虾"，所谓"炝虾"，就是将生鲜小虾洗净后蘸料生食，这道美食在如今看来很可能有寄生虫隐患。果然，没过多久，除了不爱吃"炝虾"的杨绛，全家就都病倒了。虽然经过治疗大家得以康复，但杨荫杭却久治不愈。

杨荫杭从年少时就在国外留学，信西医，不信中医，当时无锡只有一个西医，是个外国人，每次给病人做检查后，都会取一点大便和血液，送到上海化验，一周后才送结果回来。这位西医经过两次化验都没确诊杨荫杭得的是什么病，一来二去，杨荫杭的病就被耽误了，身体一天不如一天，意识也开始模糊，唐须嫈当机立断，找来中医给丈夫号脉，中医当即做出诊断，杨荫杭这是得了伤寒病。

二女儿感染伤寒不幸去世的悲痛尚未消散，这一消息让全家人再次陷入了紧张和恐惧之中。此时的杨荫杭甚至可以说是病入膏肓，大夫坦言束手无策。在某天晚上，年幼的杨绛似乎意识到家里要发生大事。院子里人来人往，脚步匆匆，亲友们纷纷来探望父亲，过后又都默不作声，只是感叹一句"要紧人啊！"

"要紧人"的意思就是养活全家的顶梁柱。此时的杨荫杭不仅要养活自己一家八口，还要供养自己妹妹和兄弟的孩子。多年后提及此事，杨绛仍心有余悸，万一父亲有个意外，她如果有幸能得父亲的亲朋好友照顾，还能勉强读几年书，做个小学教员，而如果无人照顾，她就要去工厂做女工了。

虽然医生下了病危通知，杨荫杭的情况也的确不容乐观，但唐须嫈却不肯放弃。她央求杨荫杭的好友、名医华实甫，无论如何都要给杨荫杭开个药方，最终华实甫开了一剂中药。为了让不信中医的丈夫吃下中药，唐须嫈买来盛西药的胶囊，将研成粉末的中药倒了进去，伪装成西药喂给丈夫。

没过多久，杨荫杭竟奇迹般地退烧了，逐渐恢复了意识。唐须嫈炖好浓稠的鸡汤，细心地撇净上面的油沫，将最清爽、最有营养的汤汁给丈夫喝。在唐须嫈的精心照料下，杨荫杭很快就康复了。全家人将华实甫看作救命恩人，而在杨绛心中，唤醒父亲的是母亲无微不至的照顾。

世间夫妻，怕只能同甘不能共苦，也怕只能共苦不能同甘。平日里恩爱有加的夫妻，未必能共同走过充满琐碎和磨砺的婚姻日常；相守到白头的夫妻，也未必整日里如胶似漆，但危急关头，必然是互相扶持，共渡难关。

杨荫杭和唐须嫈，不但是相知相守、互相欣赏的夫妻，更是在风雨飘摇之时彼此最坚实的后盾。杨氏夫妻不但守护了自己的婚姻和家庭，也造就了可以守护婚姻和家庭的儿女们。杨绛从小就将父母相处的点点滴滴看在眼里，记在心里，为她以后成为"最贤的妻"埋下了种子。

就读于启明学校

初到无锡的那段日子，杨家大人们都因为杨荫杭的病忙得焦头烂额，但小孩子哪里懂得大人的愁苦？对杨家的几个孩子而言，那段时间反而成了难得的自由时光。

当时杨家新租房子的厨房外面有一座木桥，木桥连着杨家的后门，年纪尚小的杨绛因家中大人繁忙而不得出家门，每日站在桥上看来往船只也觉得新奇有趣。但这种新奇有趣的自由时间持续并不久，母亲唐须嫈忙着照料丈夫的病和一家大小，已是分身乏术，心想不能让孩子们终日无所事事、荒废学业，便将孩子们送到家附近的大王庙小学就读。

大王庙小学离杨家不远，就在沙巷口，不知道早先是祭祀什么大王的，但后来改成了学校，也就顺理成章地叫大王庙小学。

大王庙小学简陋且规模很小，全校仅有一间教室，学校上下共有四个班，八十多个学生，这些学生便都在这一间教室里上课。教室里摆放四五行双人课桌，不同行的课桌就简单地区分不同年级的学生。杨绛和两个弟弟就在这样的环境下进入学校学习，因入学前杨绛已经读到了小学三年级，所以一入学便进入了最高班。

大王庙小学最简陋的还不是教室，比起教室，学校教职人员更是捉襟见肘，只有校长和一位姓孙的老师两个人支撑整个学校。

孙老师剃了个葫芦瓢似的光头，且平日里喜欢拿着一条藤条教鞭鞭打教育学生，颇遭学生们厌恶，所以学校的学生们就在背后称呼他为"孙光头"。校内的学生几乎个个都挨过孙老师的打，但杨绛和她的弟弟却待遇"特殊"，从未被打过。也许是因为杨家的孩子算是"做官"人家的子女，孙老师有所顾忌，也许是因为杨绛和弟弟们都比较乖巧，从不犯错，便不像其他孩子那样经常挨罚被打。

杨绛在回忆起大王庙小学这段学生生涯时曾说："在大王庙读什么书，我全忘了，只记得国文教科书上有一课是'子曰，父母之年，不可不知也……''孙光头'把'子曰'解作'儿子说'。念国文得朗声唱诵，称为'啦'（上声）。我觉得发出这种怪声挺难为情的。"可见大王庙小学的教学质量一般，但学习知识之外，这所小学却给杨绛的童年生活增添了很多别样乐趣。

杨绛在作品集中曾提及，当年自己在学校游戏的情形特别有趣。和女伴玩"官、打、捉、贼"的游戏，自己对游戏规则懵懂不知，女伴便教自己规则，又说："'女老小'姑则（女孩子家）不兴得'逃快快'。逃呀、追呀是'男老小'的事。"当时一般人家的女孩子还经常被灌输一些"女子不宜"之类的思想，但杨绛父母作为接受新思想的文人，对杨绛的教育则开明许多，所以当时的杨绛并不太能理解学校女孩子们告诉她不能像男孩子那样追啊、逃啊是为什么，调皮的杨绛甚至会大胆地用脚踢树影，告诉女孩子们那些不是鬼，用自己知道的科学知识去破除女同学的恐惧。可见杨绛从小所受的家庭教育就养成了她更大胆、独立，敢于探索和追寻自由的精神。

虽然小杨绛和大王庙小学中女学生的一些思想并不相同，但在学校上学的半年时间里，课间女同学们叫着一起去踢毽子、跳绳、游戏，桩桩件件还是给杨绛留下了深刻的印象，直到 20 世纪 80 年代时，杨绛还经常提起："我在大王庙上学不过半学期，可是留下的印象却分外生动。直到今天，有时候我还会感到自己仿佛在大王庙里。"

然而，杨家几个孩子在大王庙小学"散养"的日子只持续了半年，随着杨荫杭的病逐渐痊愈，他和妻子唐须嫈开始有精力关心孩子们的教育问题。一来，夫妻二人都觉得大王庙小学的教育质量堪忧，不是孩子们正经学习的地方，二来杨荫杭也有换房子租住的打算，一番思量下，杨荫杭觉得上海启明女校的教学质量好，不但能让学生打好中文和外文基础，且管理严格，更能教育好孩子。杨绛的二姑妈、堂姐、大姐和二姐都曾在启明女校读书，便也想送八岁半的杨绛去那里。

在与妻子唐须嫈商量后，又征得女儿杨绛同意，1920 年杨荫杭携妻女迁居上海，经亲友介绍在上海租赁了两上两下一处弄堂房子，并将杨绛送去启明女校这所寄宿学校读书。当时，杨绛的大姐已于启明女校毕业并留校任教，三姐则正在启明女校读书，因姐妹之间方便互相照应，杨绛自己是很乐意去那里读书的。

关于从无锡迁居上海去启明女校读书这段经历，杨绛在《我在启明上学》一文中曾这样说："我十岁，自以为是大人了。其实，我实足年龄是八岁半。那是1920年的2月间。我大姐姐打算等到春季开学，带我三姐到上海启明去上学。大姐姐也愿意带我。那时候我家在无锡，爸爸重病刚脱险，还在病中。……'嗯，我愿意去。'我嘴里说，眼泪簌簌地直流，流得满面是泪。幸好在那间昏暗的屋里，我没让妈妈看见。我以前从不悄悄流泪，只会哇哇地哭。这回到上海去上学，就得离开妈妈了。而且这一去，要到暑假才能回家。"

可见，虽然当时的小杨绛言语上表现出坚强，愿意离开大王庙小学，去启明女校和姐姐们一同学习，但到底年纪较小，面对寄宿，短暂告别母亲这些情况，仍然流露出脆弱和胆怯。但无论如何，八岁半的杨绛在努力学习坚强，展现出不同于一般孩子的胆识和魄力，走进启明女校，开始了全新的学习生活。

如今上海市第四中学的前身就是启明女校，最初这是一所由法国人创办的教会学校，位置就在上海原法租界徐家汇圣母院内。杨绛在那上学的时候，启明女校的校内事务由圣母院院长监理，学生生活学习的一般事务则由中国嬷嬷担任。当时，学校的历任校长都需由外籍修女担任，直到1937年之后才由中国嬷嬷担任。所以，受外籍校长和教会学校环境的影响，启明女校和杨绛之前读过的大王庙小学无论在环境氛围，还是教师教学方面，都有很大差异。

在《我在启明上学》一文中，杨绛记录过自己去启明女校后，心里向大王庙小学女同学们的卖弄："我们的一间英文课堂（习外语学生的自修室）比整个大王庙小学还大！我们教室前的长走廊好长啊，从东头到西头要经过十几间教室呢！长廊是花瓷砖铺成的。长廊下面是个大花园。教室后面有好大一片空地，有大树，有草地。环抱着这片空地，还有一条很宽的长走廊，直通到'雨中操场'（也称"大操场"，因为很大）。空地上还有秋千架、跷跷板……我们白天在楼下上课，晚上在楼上睡觉，二层楼上还有三层……"

启明女校气派、优越的环境和让人目不暇接的新鲜事物，让杨绛很快就将大王庙小学抛到九霄云外。这个全新世界带给杨绛数不清的冲击，语言上不同于过去，学校里充斥着"望望姆姆"向老师打招呼的声音；装束上不同于以往，因老师和校长多为修女，她们会穿黑袍、戴黑帽；规矩上更是严格，比如起床就寝时间、早中晚饭和下午茶时间，都有严格规定，又比如饮食不许说话，上课和自修时不许说话。虽然启明女校的姆姆们都很喜欢古灵精怪的杨绛，但这些条条框框的规矩，让天性好动且自由惯了的杨绛十分不习惯。刚入校时，杨绛就因为上课讲话被罚站，委屈地哭起来，直到姆姆过来哄，才慢慢不哭了。

然而，小杨绛适应环境的能力非比寻常，虽然对启明女校全新的要求和生活并不十分习惯，但很快她就能在铺床、叠被子、整理房间等日常起居的小事上做到最好。这段启明女校寄宿的经历培养了杨绛优秀的自理能力，也让杨绛在学业上突飞猛进，焕发光芒。

像父亲杨荫杭规划的那样，启明女校在语言教学上占据优势，性格温和的法国校长教学生们法文，和善可亲的苏格兰姆姆教学生英文和钢琴，就连体操这样的课程，也由白俄罗斯贵族姆姆全英文授课，在这样的沉浸式语言环境下，杨绛的英语和法语基础非常扎实。

除了英法语言，启明女校也很重视中文课，特聘请当时上海邹姓名士为助理，与校内姆姆一起讲授中文课，而格致课的姆姆则因思念杨绛病逝的二姐，经常会叫错杨绛名字，将其唤作"同康"，这让在校学习的杨绛也时常有种二姐仍在的错觉，更对这位姆姆充满敬爱和感激。

启明女校的学习生活，让杨绛迅速成长起来，丰富的文化知识乃至教会学校独特的思想教育，让杨绛从大王庙小学那个自由跳脱的小孩子，逐渐成长为独立、乐知、有爱心的"小大人"。在回忆起启明女校的这段经历时，杨绛曾说："我在启明还是小孩，虽未受洗入教，受到天主教姆姆的爱心感染，小小年纪便懂得'爱自己，也要爱别人'，就像一首颂歌中唱的'我要爱人，莫负人家信任深；我要爱人，因为有人关心'。"

在这样充满知识和爱的学习环境下，杨绛一天天长大，在三年后，迎来又一次迁居和学业上的变化。

考入振华女中

　　杨绛在启明女校学习的日子可算岁月静好，这所教会学校打开了杨绛的视野，让她对中外文化都逐渐有更多学习和涉猎，杨绛十分喜欢在启明女校的学习生活。但另一方面，父亲杨荫杭在上海的事业却并不是十分顺利。杨荫杭认为，世界上只有律师和医生这两种职业值得做，他既然不能当医生，便只好重操旧业做律师。然而，当时上海正处于风云变幻之际，鱼龙混杂的社会环境，让律师职业伸张正义变得十分艰难。在上海事业发展不顺的杨荫杭，决定举家迁往苏州，在苏州开办律师事务所。

　　举家迁居，最要紧的就是解决房子问题。原本，杨荫杭是十分反对置办家宅的，一来是不想让经营家宅浪费精力，二来也不想子女因为有家宅可继承，心中有了倚靠，生出"吃家当"的懒惰心理，他认为子女有一定经济上的危机感，才能更好地学会自立。

　　可若想在苏州开律师事务所，仅租赁房屋是行不通的。考虑到事业和一家人居住的实际问题，杨荫杭还是决定买下明朝传下来的老宅子"安徐堂"，准备以此宅做居住办公之用。

这座安徐堂历经风雨，转至杨家人手中已是年久失修、破败不堪，但宅中一间很高的大厅却颇具来历，被当地人称为"一文厅"。

相传明朝宦官魏忠贤横行霸道，当时有人奏称"五城造反"，苏州就是五城之一。这是祸及百姓的大事，但有个"徐大老爷"将"五城"改成"五人"，巧妙保护了苏州城的百姓，苏州百姓为感谢这位"徐大老爷"，便一人筹募一文钱，修建了这座宅院，所以宅中大厅称为"一文厅"。

杨荫杭购买此宅，或许也与宅子的历史有关。后来修葺宅子时，为扩建后园、添置花木，需清理老旧地砖下的鼻涕虫、小蜘蛛等物，杨荫杭想培养子女自食其力的意识，便向孩子们悬赏捉虫，承诺捉住不同的虫子，会给孩子们相应的报酬。这种当时超前的教育方式，虽然没有得到妻子唐须嫈的支持，她害怕丈夫此举会让孩子们变得唯利是图，但颇得杨绛兄弟姐妹的喜欢。在杨绛看来，父亲是在借助这种方式鼓励他们通过劳动赚钱，是在锻炼他们的自立能力。

从杨荫杭经常教育杨绛兄弟姐妹要"有志气"，树立大志，主张自食其力，不能不劳而获可见，杨家家风清明方正。也正是这些潜移默化的家庭教育，对少年杨绛的成长产生了巨大影响，让杨绛在努力奋斗之余，也养成了质朴淡然的性子，小小年纪就已经明白人生好物都需要自己争取，凡事不能依赖别人，但做人也不可贪婪，强求并非好事，学会克制才是大智。

随着置屋安宅一切妥当，到 1923 年暑假的时候，已在苏州安定下来的杨荫杭也着手安排杨绛和闰康的学业，为她们办理转学手续。

　　杨荫杭想给两个女儿转学，主要是因为启明女校的教育方式。因是教会学校，启明日常教学内容受宗教影响比较多。杨荫杭和妻子不希望女儿们的自由意志被宗教影响过多，所以，安顿好苏州宅院后，就赶紧开始给杨绛姐妹俩研究转学事宜。

　　杨荫杭受妹妹杨荫榆的影响，原本是想将两个女儿转学至妹妹的母校苏州景海女校，但因杨荫榆受邀去振华女校演讲后，觉得振华优于景海，杨绛和姐姐闰康就考试插班进了振华女校。

　　说起杨绛考入的这所振华女校，其在中国近代女子教育史上算得上赫赫有名。

　　振华女校由谢长达女士创办于1906年，学校取名"振华"，旨在振兴中华。学校创办之初，就在当时教育界声名大噪，被后来称为现代教育奠基人的章炳麟先生和蔡元培先生就鼎力支持，并出任校董，著名教育家陶行知先生更是称赞振华女校是"数一数二的学校，是振兴女子教育最早的先锋。"1917年之后，该校由谢长达女士的三女儿王季玉接管，杨绛在振华就读时，校长就是王季玉。王季玉是留美硕士，在教育上极具国际视野和远见卓识，振华女校在其管理下名声日盛，当时像章太炎、吴贻芳、胡适之、美国教育家杜威夫人、英国剑桥大学院长弗莱女士等都受邀来振华女校做过演讲。小小的振华女校可谓大师云集，文化氛围浓厚。

　　但这些对当时的杨绛都不具有吸引力，12岁考进振华女校的杨绛，只觉失落。因为，在当时的杨绛看来，大上海摩登、洋派、热情洋溢，启明女校也是现代且气派的，反观迁居的苏州，虽多了份温婉内敛，却因古城气质，少了上海那种繁花似锦，振华女校与启明女校相比，也显得校舍简陋、狭小。用杨绛自己的话来说："由上海启明转学入振华，就好比由北京师大附小转入了大王庙！"

对校舍环境的落差，杨绛别无他法，只能逐渐适应，而除了外在环境所带来的失落感，初入振华的杨绛在与同学的交往玩耍上也觉得甚是无趣。

刚转入振华女校时，杨绛并没有什么玩伴。当时，班级里的女同学课间喜欢聚在一起闲话家常，像谁家小姐受聘，聘礼多有排面这样的话题，总是被女同学们津津乐道。可杨绛却不喜欢这些话题，和女同学们聊不到一起，只有因年纪小，怕受大男孩欺负而转入振华女校读书的费孝通喜欢和杨绛一起玩。

后来成为著名社会学家的费孝通，此时还只是个学习上脑子灵光却不懂人情世故的半大孩子。虽然费孝通一生与杨绛颇有缘分，二人除了在振华女校做同学，还在东吴大学、清华大学研究院都做过同学，但刚到振华女校的杨绛因数学不好，经常"吊黑板"，而每次老师又喜欢在杨绛答不出题时让费孝通解答，导致中学时期的杨绛对费孝通很有敌意，不找碴欺负他已算不错，并不喜欢和费孝通一起玩耍。

刚到振华女校的那段日子，校园环境和同学交往都让杨绛缺少探索的热情，且当时三姐闰康因沙眼和看病就医的一通折腾，干脆休学休养，只剩杨绛一个人上学，这让年少的杨绛倍感孤寂。幸好，当时的校长王季玉因见杨绛瘦小，对她关爱有加，经常从家中带菜肴给她加餐，且之前在启明女校打下的英文基础让杨绛在英文学习中遥遥领先，老师甚至要制止她抢答，才能给其他同学更多机会答题。这些点滴温暖和喜悦，让杨绛逐渐适应并开始喜欢在振华女校的生活，王季玉校长对自己的好，杨绛之后多次在作品中提到，此后一生也都在感恩和怀念这段时光。

相比出类拔萃的英文成绩，杨绛的数学和国语成绩都不太好，数学"吊黑板"，国语在第一学期也只得到六十分。不过，父亲杨荫杭对杨绛的考试成绩并不十分关心，他一直信奉孔子的教育理论，认为"大叩则大鸣，小叩则小鸣"，孩子学习顺其自然便好。尤其，杨荫杭心存一些偏见，认为女孩娇弱，自己曾见很多美国同窗女同学因过于刻苦学习而早逝，便不希望女儿过分劳累。虽然杨家是书香世家，但杨绛到高中还平仄不分，杨荫杭也并不着急，空闲时考杨绛某字平仄声调，杨绛答对了，父亲高兴地笑；答错了，也高兴地笑。只等杨绛慢慢学习弄懂。

杨荫杭这样顺其自然的教育方法反而培养了杨绛广泛的兴趣爱好和深厚的文学素养，在父亲宽和秉性的影响下，杨绛兴之所至读了很多文学书籍和辞章小说，其自身性子也越发宽和从容。

杨绛在 1998 年发表在《十月》杂志上的一篇名为《记章太炎先生谈掌故》的文章中，记录了自己在振华女校上学期间，曾参与学社活动，听章太炎先生谈掌故的经历，文章中谈及自己因听不懂章太炎先生讲的内容而一字未记录，第二天还被苏州报纸刊上新闻的洋相趣事。杨绛本人对自己出洋相这件事并未挂怀，反而在文章中记录得妙趣横生，可见父亲教育理念中的从容自然对杨绛的影响。

在振华女校学习的这几年里，杨绛养成了良好的阅读习惯，从《大卫·科波菲尔》到《道德经》，乃至当时流行的冰心和苏曼殊等人的作品，都是她热衷的读物。如此博览群书的日常习惯，让杨绛在高中时期就才名远播，其文学天赋被全校称道。当时杨绛的国语教师孙伯南先生还针对杨绛所作《斋居书怀》一诗作批注，为杨绛批了"仙童好静"的评语。

杨绛在诗中写道："世人皆为利，扰扰如逐鹿。安得遨游此，翛然自脱俗。"虽年纪尚小，却已初显其不慕虚名、志节高雅的风骨。

启明女校的生活让杨绛学会了融入集体，振华女校的学习则让她在实干和自律方面本事渐长。从 1923 年考入振华女校读书，到 1928 年毕业，五年中学学习，振华教育理念中提倡的劳动、自我约束和治理，让杨绛养成了自主、独立的能力，更让她性格中坚韧、倔强和不服输的一面逐渐显现，而这些可贵品质，在后来也伴随杨绛走过波澜起伏的漫长岁月。

考入东吴大学

　　随着高中即将毕业，1928年的时候，摆在少年杨绛面前的是大学的选择。本应六年的中学课程，天资聪颖的杨绛五年便读完了，提前从振华女校毕业的杨绛属意清华大学，希望能进入清华大学继续学习。可惜，当时清华大学刚开始招收女学生，杨绛毕业那年清华大学恰好不来南方招生，杨绛以第一名的佳绩被东吴大学（今苏州大学）和南京金陵女子文理学院（今江苏师范学院）同时录取，面对二选一的难题，杨绛再次听取了姑母杨荫榆和振华女校校长王季玉的建议，最终选择了学习和社交氛围更为开阔的东吴大学，开始了五彩斑斓的大学生活。

　　时至今日，苏州大学档案馆保存的《东吴校刊》中，还有关于杨绛的记录。杨绛，原名杨季康，于1928年秋天，考入东吴大学，入学文理学院政治系。

　　当时东吴大学在学生入学一年后有分科制度，所谓分科，即类似今天大学分专业。杨绛的老师认为杨绛有学理科的条件，因为她虽然每门功课都不突出，但发展平衡，并不偏科，也不像父亲杨荫杭开玩笑说的那样"低能"，是很有学习理科潜能的。然而，面对分科一事，杨绛却少有地陷入迷茫，她在回忆里曾提到这段境况："我在融洽而优裕的环境里生长，全不知世事。可是我很严肃认真地考虑自己'该'学什么。所谓'该'，指最有益于人，而我自己就不是白活了一辈子。我知道这个'该'是很夸大的，所以羞于解释。"

带着"该学什么"的疑问，青年杨绛踟蹰不已，最终去向父亲请教。

父亲杨荫杭的回答却一如既往随性从容，只说："没什么该不该，最喜欢什么，就学什么。"

这可让杨绛犯了难，难道只学自己喜欢的就是对的吗？她内心喜欢文学，喜欢小说，可又觉得这些内容并不十分"有益于人"，父亲却劝她："喜欢的就是性之所近，就是自己最相宜的。"

其实，在文学和小说之外，杨绛还很崇拜南丁格尔，恰好当时东吴大学的医学预科和法学预科都是强项，若学医学，则三年毕业后可以直接升入北京协和医学院。可惜，喜欢、崇拜和实践是两回事，性子柔软的杨绛又怎么敢动手术呢？为了验证自己是否适合走学医这条路，她还曾找过一位名叫陶乐珊·斯奈尔的美国姑娘帮忙，混进这位姑娘医生父亲的手术室，观摩了一场真正的手术。没想到仅仅是看手术已让她害怕不已，之后的两个星期都不敢吃肉。这次观摩经历，让杨绛深知，自己虽然崇拜医者济世，但医学并不适合自己。

学医行不通，喜欢文科的杨绛又将目光转至文科专业。当时，东吴大学的文科专业只有法学和政治，杨绛原本想学法学，认为可以借此多接触社会，积累写作素材，并在事业上帮衬父亲。

但在律师行业摸爬滚打半生的杨荫杭却看透当时社会不公和律师职业的无奈与妥协，并不赞成女儿学习法学。诸路不通的杨绛，最后只好选择了政治学这个自己并不怎么喜欢的专业。

杨绛不喜欢政治，却选择了政治学。然而，塞翁失马，焉知非福，因为对政治学专业内容没有什么研究的兴趣，在东吴大学期间，杨绛反而多出很多空闲时间，可以读她自己喜欢的书。

那时候的杨绛求知若渴，凡是感兴趣的书，不论品类内容，都要拿来读一读。她读弗洛伊德的心理学著作，也看爱因斯坦的相对论理论，读冯友兰的《中国哲学史》，也爱房龙的《我们生活的世界》。在书籍的海洋里，杨绛不拘一格，不论文理，甚至会在读书后，和费孝通等人一起讨论时间是空间的第四向量这类物理科学的问题。

虽并未在专业课上投入太多时间，但杨绛也不担心成绩，因她向来不是死读书的那种学生，即使在校期间很多精力用来读课外"闲书"，专业成绩却一直保持得不错。当时，东吴大学成绩不以分数论，而是划分为六个等级，一等最好，六等最次，杨绛就算在大学一、二年级时贪玩，功课最低也是二等，整个大学期间，大多数时候，杨绛的专业成绩都被评为一等，且还是当时班上有名的"笔杆子"。

由于过去在启明女校打下了坚实的英文基础和自身博览群书的好习惯，无论英文还是中文写作，杨绛都是当时东吴大学学生中的佼佼者。东吴大学 1928 年英文级史和 1929 年中文级史都是杨绛写的。就连《东吴校刊》上，也常见杨绛作品的身影。她在 1930 年曾用笔名"含真"在校刊上发表《倒影》一文，文中体现的人文情怀和文学功底，已经初显杨绛在文学造诣和思想境界上的卓尔不群。

东吴大学不仅让杨绛在课业、阅读、文学创作上收获颇丰，更在集体生活和同窗情谊中收获满满，这些缤纷多彩的大学琐事，汇成了杨绛充实向上的青年时代，也让杨绛由内到外成长为更为丰富、多才的人。

笙箫合奏的友谊

如果说专业课学习和书海遨游，给大学时期的杨绛带来了知识底蕴的积累和充实，同学之间笙箫合奏的友谊，以及穿梭在各个社团活动中的美好回忆，则帮杨绛成为一个更为丰盈、开朗的人。

刚去东吴大学上学时，学校的女生宿舍尚未建成，加上校内女生数量较少，所以学校将原来一位美国教授的小洋楼住宅辟为女生宿舍。这样的住宿环境与同时期其他学校相比，已算得上相当优越。杨绛第一年入东吴大学时，住在四五人一屋的朝南大房间里，到第二年下学期，就已经得到机会分配双人小房间，且有幸和自己中学同班同学沈淑同屋。杨绛对这样的居住环境十分满意。

沈淑比杨绛大两岁，被她称为淑姐，且和杨绛一样热爱音乐。两个志同道合的朋友聚在一起学习生活，日常自然少不了一起合作交流音乐。杨绛本就是个多才多艺的女孩，吹箫、弹月琴、唱昆曲都是她热爱的休闲活动。恰好沈淑也偏好这些，两人与另一同窗好友周芬一起加入了校民乐队，三人经常在课余时间一起合奏练习，还会一起参加民乐队的演出，《梅花落》

就是杨绛她们几人经常合作演奏的曲目，每每合奏，笙箫和鸣，备受赞誉。

杨绛兴趣广泛，除了民乐队的演出，在大学期间她还积极参加校内其他活动，在文学、演讲，乃至体育活动中，都能看到杨绛的身影。

当时的东吴大学在专业知识之外，很注重学生的体育锻炼，会经常组织校内体育活动和比赛。因为学校女生不多，刚进东吴大学的杨绛就被纳入排球队，且课余练球成绩亮眼，还参加了和邻校球队的比赛。

关于这场排球友谊赛，杨绛在回忆中曾这样说过："我们队第一次赛球是和邻校的球队，场地选用我母校的操场。大群男同学跟去助威。母校球场上看赛的都是我的老朋友。轮到我发球，我用尽力气，握着拳头击过一球，大是出人意料。全场欢呼，又是'啦啦'，又是拍手，又是喜笑叫喊，那个球乘着一股子狂喊乱叫的声势，竟威力无穷，砰一下落地不起，我得了一分（当然别想再有第二分）。"从这段描述中，可以看出杨绛对当时东吴大学的排球比赛记忆犹新，她在回忆中还不无骄傲地说："当时两队正打个平局，增一分，而且带着那么热烈的威势，对方气馁，那场球赛竟是我们胜了。……至今我看到电视荧屏上的排球赛，想到我打过网去的一个球，忍不住悄悄儿吹牛说：'我也得过一分！'"

今天再翻阅苏州大学档案，我们还能找到当年杨绛参加学校排球队和篮球队的照片，能看见老照片中杨绛利落的童花头，笑颜如花、朝气蓬勃的样子。那时候的杨绛还曾因为长相可爱，脸蛋圆圆胖胖，看起来很有福的样子，被排球队的同学亲切地称为"洋囡囡"。

可是，这样可爱的"洋囡囡"却并不爱打扮。在东吴大学时，杨绛低调内敛，既不爱胭脂水粉，也不爱招摇出风头，甚至朴实到一天只洗一次脸，丝毫不注重外貌。但就这样不好打扮的杨绛和班里一些花枝招展爱漂亮的女同学也相处融洽，曾有绰号"红嘴绿鹦哥"的爱美女同学，每节课都要换一套衣服，喜欢涂脂抹粉，珠光宝气，打扮自己，杨绛也尊重、夸奖对方，还会调皮地打趣对方，问："许我'水晶帘下看梳头'吗？"女同学也会欢欢喜喜，让杨绛玩自己的胭脂，还告诉杨绛用檀香粉才白。

时光流转，往事如烟。这些和同窗们琴箫合奏、打球逗趣的大学时光，是杨绛一生珍贵的记忆，在东吴大学求学的四年里，杨绛收获友谊、知识等一系列她追求和向往的事物，用一颗向上的心，不断向自己的梦想靠近。

然而，1931—1932 年，中国大地上发生的几场重大事变掀起历史的巨浪，让时局变得动荡不安，这一波浪潮波及东吴大学，也影响了杨绛的求学生涯，让她不得不考虑借读其他学校。

罢考风潮

历史的车轮滚滚向前，不会因为谁的抗拒而停息。在 20 世纪 30 年代那个动荡的大时代下，无数有志青年怀抱救亡图存之志，希望为复兴中华、保家卫国挥洒热血和青春，这种志向在身处象牙塔的大学生们身上表现得更为显著。

1931 年九一八事变之后，日军入侵，东北沦陷，国民党政府不抵抗，学生纷纷去南京请愿。东吴大学虽然是一所政治化比较淡的民办大学，却也很难在当时的政治旋涡中独善其身。

当时，东吴大学也有学生去南京请愿。杨绛所学专业虽然是政治学，但没有加入请愿学生的队伍。杨绛更愿意做一些对百姓有实际帮助的事。

当年恰逢华北地区水灾，杨绛在学校组织同学，号召大家为灾区群众捐款捐物，并带头给灾区写信，联合同学一起买棉花、布匹等物资，为灾区群众制作御寒衣物，用另一种方式发挥有识之士在国家社会中的先锋作用。

1932 年 1 月 28 日，距离东吴大学所在苏州一百多公里以外的上海发生了淞沪抗战，这次事变是当时日本为转移国际视线，为谋划侵占中国东部沿海富庶地区而蓄意发动的侵略事件，是九一八事变之后，日本得寸进尺的又一次恶行。一时之间，群众哗然，时局越来越不稳定，校内学生的躁动情绪也越发明显，罢考风波愈演愈烈。

此时，杨绛已经大学四年级，校方不但在东吴大学内安排了专门巡查的人员，还将校内电话线都扯断了，使学生完全陷入与外界失联的境况。一时之间，学校管理之混乱令人咋舌，整个校园几乎变成监狱，杨绛此时就困在这样风声鹤唳的校园之中。

振华女校的恩师王季玉校长在得知东吴大学严峻的情况后，立刻联系杨绛家人一起想办法，想把杨绛接出学校。当时学校已经全面封闭，不许学生离校，只允许家长进校探望。母亲唐须嫈虽得到机会去探望杨绛，但想将她接出学校还是困难，且杨绛舍不得将同窗好友周芬留在校内，担心由母亲带她二人离校会被门卫阻拦，一时之间也是焦头烂额，不得章法。

好在后来杨绛灵机一动，想出了一个轻装出逃的办法。她先和周芬收拾好东西，由母亲唐须嫈借探望的名义，坐着黄包车将她二人的书本行李带走，两个女孩再什么东西也不拿，借着下午四点钟学生可以外出遛弯的机会，悄悄逃走。这个人和行李分批"逃跑"的主意果然奏效，杨绛和好友周芬顺利逃离东吴大学。

离开东吴大学，杨绛不想耽误学业，便萌生了去其他大学借读的打算。当时，同在东吴大学学习的费孝通已经先一步申请转学至燕京大学。杨绛和同学周芬、沈福彭、徐献瑜、孙令衔等五人也决定一起北上，赴燕京大学借读。

从苏州到南京，再渡长江至北平，杨绛踏上了从南到北跨越一千多公里的漫漫求学路，从燕京大学到清华大学的借读转折和那个命中注定的人，也在前方等待杨绛。

燕京岁月，学海无涯

  关于杨绛借读燕京大学这件事，父亲杨荫杭原本是不放心的，他觉得杨绛毕竟是个女孩子，独自远走读书不稳妥，于是便要求她约上男女同学各三人同行北上，才算放心。遵从父亲的要求，杨绛此次燕京大学之行果然约上了几个好友。同行的男生有孙令衔、徐献瑜、沈福彭，女生则有周芬和张令仪，可惜张令仪后来未能成行，杨绛这一路北上借读求学的女伴就只剩周芬一人。

  1932 年 2 月，杨绛他们五人结伴从苏州出发，辗转三天，终于在 2 月 28 日晚抵达北平。当天由先前早到燕京大学的费孝通来接站，一行人暂且借住在燕京大学学生宿舍，准备过几天参加燕京大学的入学考试。

  据杨绛自己对这次赴燕京大学借读行程的回忆，到北平的当天晚上，他们一行五人先由费孝通接待去燕京大学东门外的一家饭店吃晚饭。当时的北平还是寒冬，湖水已经结冰，一行人在饭后又踩冰走过未名湖，分别去了当时燕京大学的男女生宿舍借宿。这样的琐碎小事却让杨绛念念不忘，多年后仍清晰记得，也许是因为当时时局动荡、前路茫茫，自己同好友一起来到毫不熟悉的燕京大学，心怀忐忑与憧憬，却也充满希望与勇气。

幸好天遂人愿，3 月 2 日杨绛等五人参加完考试后，都通过了燕京大学的入学测试，且当时东吴大学和燕京大学同属于美国教会学校，借读之事联络起来更为便宜，再由孙令衔帮几人接洽借读事宜，五人都获得了在燕京大学借读的资格。

杨绛考完试后便去清华大学探望昔日振华女校的好友蒋恩钿，正好孙令衔也要去清华大学探望表兄，二人便结伴而行，一起前往清华大学。这次看似简单的清华大学之行，却改变了杨绛此后的人生轨迹，让她在理想和爱情上双双收获良多。

杨绛在振华女校时的理想就是能考入清华大学。可惜，因为杨绛跳级读书，当年清华大学恰好没在南方招生，导致她无缘清华大学，反而晚她一年毕业的同学蒋恩钿恰好赶上清华大学招生，并顺利考入清华大学。当初蒋恩钿曾多次鼓励杨绛转学清华大学，还积极地陪她准备转学的准考证。不巧的是，那时正赶上杨绛的大弟宝昌肺结核病症恶化引发结核性脑膜炎，一家人疲惫奔波也没能治好宝昌的病，宝昌不幸去世的日子正撞上清华大学的招生考试日期，杨绛痛失亲人，选择放弃考试，赶回家帮忙料理弟弟的后事。

没能去清华大学读书，算得上是杨绛当时小小的遗憾，而此次来清华大学探望蒋恩钿，两个姑娘见面后热络聊天，蒋恩钿得知杨绛要去燕京大学借读，就想起了杨绛过去的志向，问她为什么不来清华大学借读。其实，当时杨绛选择去燕京大学借读，主要也是先有老同学费孝通去燕京大学，后因东吴大学和燕京大学同属美国教会，孙令衔又帮大家一起办了借读手续。

真要说杨绛自己的内心，自然是更向往两次失之交臂的清华大学的。蒋恩钿再次劝说杨绛来清华大学，并表示将帮杨绛询问借读清华大学的事情。

当时借读清华大学并不需要考试，只需要有住处即可。蒋恩钿和好朋友袁震商量，袁震可借口有肺病搬入校医院住，她的床位则可让给杨绛。如此解决了住处问题，在蒋恩钿的帮助下，此次杨绛借读之行从燕京大学转成清华大学，而好友周芬等其他四人仍注册进入燕京大学。

对于不去燕京大学而转读清华大学这件事，杨绛本来是有些惭愧的。只因自己邀好友周芬北上借读，如今自己忽然转去清华大学，将周芬一个女孩子独自留在燕京大学，深觉过意不去。

不过周芬和杨绛是很好的朋友，且性格宽和，不爱计较，她和杨绛一样是个刻苦学习的人，所以并未就杨绛食言转去清华大学一事有什么抱怨，反而主动送杨绛搬入清华大学，后来又因燕京大学和清华大学两所学校离得近，平日往来也很方便，和蒋恩钿、袁震等人也成了好朋友，几个女生在两所大学度过了很开心的学习生活时光。

再说这次清华大学之行，对杨绛而言还有一个很大的收获，那就是初次与钱锺书匆匆会面。那日，孙令衔去拜会表兄钱锺书后，还需接杨绛一起返回燕京大学的宿舍，钱锺书跟从孙令衔去古月堂，在古月堂门口，偶然与杨绛相逢。

回忆这段往事时，杨绛说这次偶然相逢，就好像姻缘前定，她和钱锺书二人都很珍重第一次见面，而自己因在和他相见之前从没有恋爱经历，所以纵然心中念念不忘，却也未有表示。

但钱锺书那边对杨绛却是一见倾心，心心念念想要追求这个妙人儿，做出了很大的努力。关于杨绛和钱锺书先生"金风玉露一相逢，便胜却人间无数"的爱情故事，稍后细说。总之，到1932年3月，二十一岁的杨绛风华正茂，终于有机会进入她一直向往的清华大学，开启一段全新的学习生活。

借读于清华大学

清华大学可算是杨绛心中的圣地，那里有她对文学、戏剧等知识的向往和追求，虽然四年前无缘清华大学，但即使在东吴大学学习的这几年，杨绛心中的清华大学梦也从未消散。

当初在东吴大学读到大三时，之前振华女校的校长王季玉曾为杨绛申请到去美国韦尔斯利女子大学读书的机会，并有奖学金。这原本是个出国深造的好机会，父母那边也是同意的，杨荫杭夫妻为了尊重女儿，将选择权交给杨绛，由她自己决定未来。

然而，杨绛最终却决定放弃这个机会。一来是因为奖学金只能负担去美国留学的学费，但留学的路费和生活费还需要家中承担，当时家中经济情况堪忧，大弟刚病亡不久，一大家子的开销都由父亲杨荫杭一人承担，压力可想而知，杨绛不想给父亲增加更多负担。二来也是因为杨绛对自己的未来有较清晰的规划，她是一定要继续学习的，但却不是在当时读的政治学方向，也不是去美国，她的目标是去清华大学研究院，读她热爱的文学专业。

心存这样的愿望，此次学潮之下，杨绛也算因祸得福，终于有机会以借读的名义踏进她一直向往的清华大学。

为什么杨绛一直钟情于清华大学呢？这就要从清华大学的历史背景说起。

1906 年，美国伊利诺伊大学的校长爱德蒙·詹姆士曾给当时的美国总统西奥多·罗斯福送过一份备忘录，建议美国政府更多地吸纳中国留学生去美留学。罗斯福很认同詹姆士关于吸纳中国人才的建议，于是便在白宫会见了美国传教士明恩溥咨询此事，随后在明恩溥的建议下，退还了"庚子赔款"的一部分金钱，用来在中国建学校，以吸引中国有识之士到美国留学。这就是清华大学建校的由来。

初建时被命名为"清华学堂"的清华大学，在建校之初也只是为留美而设的预备学校。清政府灭亡后，"庚子赔款"仍继续用于选拔留学生，并以奖学金的方式供给清华大学的学生。

1911 年辛亥革命之后，"清华学堂"改名为"清华学校"，1925 年，清华学校增设大学部，并于 1928 年夏天，正式改名为国立清华大学，随后第二年开办研究院。

当时，清华大学研究院的外国语言文学部和外文系同用一套教授班底，只是挂两块牌子。当时清华大学外国语言文学部的教授有王文显、吴宓、吴可读、陈福田、黄中定、朱传霖、黄学勤、楼光来、温德、张杰民、施美士、翟孟生、毕莲、谭唐、谭唐夫人等，都是当时声名显赫的人物，而哪怕是学生，也是人才济济，李建吾、曹禺等人都是后来在话剧表演和剧本创作方面大师级的人物。也正是这样卓越的师资和文学、戏剧学习环境，吸引着热爱文学和小说创作的杨绛，让她对清华大学情有独钟，一直将进入清华大学学习放在人生规划中。

此次杨绛借读清华大学的时间并不算长，因当时已经上大四，实际上杨绛在清华大学借读的时间只有短短不到半年。1932年7月，杨绛就在清华大学借读大四级第二学期卒业，同时领到了东吴大学的毕业证书，还因成绩优秀，获得了东吴大学颁发的金钥匙奖。

然而，就是这短短几个月的借读时光，却给杨绛带来文学和戏剧创作上的无限启发和引导，同时让她看见清华大学这样优秀的学校在文化氛围上的出色之处，更坚定了杨绛要考取清华大学研究院的决心。

杨绛借读清华大学时，外文系主任兼教授是王文显先生，他从小由英国人抚养长大，在获得伦敦大学学士学位后，曾担任伦敦《中国报》编辑、中国驻欧洲财政委员等职位，后又在英国报界公会担任过会员职务，返回中国后就职于清华大学留美预备部，起初还兼任过清华大学代理校长和副校长。这样丰富的求学和从业经历塑造了王文显深厚的英文文学底蕴，他在清华大学任教时英文讲得纯熟流利，教授近代戏剧、戏剧概要、戏剧专题研究、莎士比亚、莎士比亚研读、外国戏剧等诸多文学戏剧相关课程，而杨绛也是在王文显的引导下，从最初不知西洋戏剧是什么，到熟悉并喜爱戏剧，最终走上戏剧创作之路。清华大学借读时光和王文显先生的课，可算是杨绛在戏剧创作路上的引路灯塔，让杨绛能在未来逐步深入戏剧创作的长河。

除了功课上求知若渴，在清华大学借读的这段日子，清华大学的图书馆和校园环境也给杨绛留下了深刻的印象。

杨绛爱读书，在东吴大学时就读过很多图书馆里的原版英文书，翻译过不少英文的政治学论文。

父亲曾经问过杨绛："阿季，三天不让你看书，你怎么样？"

杨绛毫不迟疑地说："不好过。"

父亲又问："一星期不让你看呢？"

杨绛答："一星期都白过了。"

杨荫杭深深认同女儿的回答，笑说自己也是这样。

可见，杨家爱读书的渊源颇深，在东吴大学时杨绛就爱泡在图书馆里，到了清华大学她这个习惯也没变，她让蒋恩钿带她参观图书馆，并很快地爱上了这个地方。

直到几十年之后，回忆起初到清华大学图书馆的经历，杨绛还记得好友蒋恩钿介绍清华大学图书馆时的骄傲劲儿，记得她说："墙是大理石的！地是软木的！楼上书库的地是厚玻璃！透亮！望得见楼下的光！"

蒋恩钿也的确不曾夸张，杨绛第一次跟好友进入清华大学图书馆体验，也曾在心里想过："地，是木头铺的，没有漆，因为是软木吧？我真想摸摸软木有多软，可是怕人笑话……楼梯是什么样儿我全忘了，只记得我上楼只敢轻轻走，因为走在玻璃上。后来一想，一排排的书架子该多沉呀，我蹑脚走也无妨。"

可见，在将近一百年前，清华大学图书馆就已经充满了人性化的设计，无数像杨绛这样的学子对清华大学的教学底蕴、文化氛围积极追求，也并不让人意外。

清华大学卒业、东吴大学毕业之后，杨绛的目标很明确，接下来是要投考清华大学研究院外语系的。做出这个决定容易，但想达成，却并非想象中那么容易。1932 年到 1933 年期间，杨绛为考入清华大学研究院做了一系列努力，与此同时，正在清华大学读书的钱锺书与杨绛的爱情，也悄然开花，一段才子佳人的传奇故事就此上演。

第二章

缘分已在冥冥中

　　在燕京大学求学，清华大学借读的生活中，发生了一个决定杨绛一生命运的事，那就是与钱锺书相识、相恋。能够与一人相恋相伴终老，往往需要一些运气和智慧。杨绛的母亲唐须嫈曾取笑她说："阿季脚上拴着月下老人的红丝呢，所以心心念念只想考清华。"苏州和北平相距一千多公里，两个人能在清华大学相遇相恋，的确需要一些缘分，而杨绛和钱锺书能结为伉俪，也因为他们二人关于文学的投契和关于爱情的智慧。杨绛夫妻二人如中国现代文学史上双星一样交相辉映的传奇，就从杨绛初到清华大学借读开始。

初遇就是一眼万年

　　最好的爱情是一眼万年，在最好的年华遇到最恰好的人，刹那心花无涯，从此朝思暮想，而杨绛和钱锺书的初遇，就是这样惊鸿一瞥，两心相印的缘分。

　　说起杨绛和钱锺书的初见，并没有什么惊心动魄的成分，不算浪漫，也不出彩，只是杨绛和同学孙令衔二人去清华大学分别探望好友和表兄，钱锺书送表弟孙令衔去古月堂找杨绛同回燕京大学，不期而遇地见到杨绛，瞬间一颗心被丘比特射中，无论如何都想追求杨绛这个可爱的姑娘。

　　这次在清华大学女生宿舍古月堂的见面，是杨绛和钱锺书的初次会面，杨绛和钱锺书相知相爱一生的故事，也是从这个地方开始的。月上柳梢头，人约黄昏后，自古才子佳人相会的故事，总有月为伴，清华大学古月堂前，不知又成就了多少杨绛和钱锺书这样的好姻缘！

　　很多年以后，回忆起第一次和杨绛相见的情形，钱锺书还特意写过一首诗，记录自己初见杨绛的感觉："缬眼容光忆见初，蔷薇新瓣浸醍醐。不知酾洗儿时面，曾取红花和雪无。"这里"红花和雪"的典故来自北齐崔氏的洗儿歌，讲的是春天的时候用白雪和红花给婴儿洗脸，期望孩子日后长大能脸色红润好看。可见在钱锺书看来，当时的杨绛是如何美好，说是像蔷薇新瓣，娇艳欲滴也不为过。

杨绛无疑是优秀的，以前刚考入东吴大学时，杨绛就很受大家欢迎，有一次室友以为杨绛睡着了，评价她具备吸引男生的五个条件，夸杨绛相貌好、年纪小、功课好、身体健康、家境好，羞得当时并没睡着的杨绛只好继续装睡。可杨绛初遇钱锺书，还不用家境、功课那些额外的优点，单是一副如花笑颜，就俘获了大才子的心，让钱锺书心驰神往，爱意萌生。

杨绛后来在《记钱锺书与〈围城〉》中也曾描述过对钱锺书的第一印象：初次见到他，只见他身着青布大褂，脚踏毛底布鞋，戴一副老式眼镜，一点也不翩翩。

由此可见，杨绛和钱锺书二人对彼此的印象都很深，不出意外的，二人后来也不约而同地互相打听起对方的事来。

钱锺书可打听的"帮手"不外乎表弟孙令衔，孙令衔见钱锺书诸多打听杨绛，知道表兄这是上心了，想要追求杨绛。但孙令衔与费孝通是至交好友，他自然知道好友费孝通喜欢杨绛，所以当表兄钱锺书多次打听杨绛的事时，便说杨绛有男朋友了，这男朋友指的就是费孝通。杨绛那边询问钱锺书的事，孙令衔则告诉杨绛，表兄钱锺书已经订婚。

孙令衔这样说，一半是好意，想撮合好友费孝通和杨绛，给费孝通争得更多机会，一半也并非子虚乌有，算是实话。因为当时钱锺书家中长辈确实做主给他定了一门婚事，他有一叶姓未婚妻，虽然钱锺书本人并不同意，但有未婚妻也算事实。

不过，费孝通对杨绛的喜欢不过是单相思，杨绛并未回应，只当费孝通是朋友。

俗话说得好，缘分到了挡不住。跨越万水千山来到清华大学的杨绛，是注定要与钱锺书相遇、相恋的，他们的姻缘就像上天早就安排好的一样，不早不晚，在最好的年华遇到值得相伴一生的人。即使略有阻碍，最终也能水到渠成。

孙令衔的"阻挠"并没有让钱锺书放弃，他一直是个执拗的人，在学术上不愿放弃，在爱情上更愿坚持。对杨绛满腔热情的钱锺书坚持一定要和杨绛见一面，亲自说一说心里话。当时的杨绛是冷静自持的，因孙令衔的话，杨绛并没对钱锺书表现出更多的好感，但钱锺书却坐立难安、心急火燎，生怕因为一些误会错过一生。于是，执拗而坦诚的钱锺书给杨绛写了一封信，约杨绛在工字厅的客厅会面，急不可待要表白。

两人一见面，钱锺书就焦急地抢着说："我没有订婚！"

杨绛本是有些紧张的，可听到钱锺书这样直白的话，仿佛等到了一个答案，一瞬间内心踏实，也毫不扭捏地回答钱锺书说："我也没有男朋友。"

往后漫长岁月，他们二人都会感谢此时勇敢的自己，因这份勇敢、执拗、不轻易放弃，他们的爱情才得以用最真挚、热烈的方式开场。世间很多缘分，在天定更需人为，杨绛和钱锺书的爱情得以开始，可以说全靠钱锺书那份不管不顾的真诚和直接。很多年后，有人问杨绛对丈夫钱锺书是不是"一见钟情"，杨绛是这样回答的："人世间也许有一见倾心之事，但我无此经历。"可见，三分天注定，七分靠努力，是钱锺书最坦荡热烈的追求，让杨绛的初见好感变成后来的倾心。

这次会面的简单交流，让他们二人消除了各自疑虑。没有了外界的障碍，两个活泼青年的爱情得以自由生长，从"君子之交"式的书信往来和阅读交流，到后来相许终身的浓情蜜意，杨绛和钱锺书的爱情罗曼史缓缓上演。

婉拒费孝通

　　一个女子想收获美好的爱情，除了要具备慧眼识人的能力，还要有当断则断的果决和拒绝他人的胆量。正处于青春恋爱年纪的杨绛，就是这样一个具备爱情智慧的女子。

　　早先还在东吴大学时，杨绛就因为优秀的成绩和甜美的外貌吸引了一众男同学的倾慕。很多处于这个年纪的女孩，在面对众多追求者和外界的赞美时很容易迷失自我、进退失度，年轻的杨绛虽青涩低调，却对各色追求者的示好从不含糊。无论是怀有爱慕之心的男生递来的书信，还是追求者来献殷勤，杨绛从来一笑了之，置之不理，不会做出什么暧昧的回应引起对方误会。

　　当时盛传，追求杨绛的男孩有孔门弟子"七十二人"那么多，可这些男孩都难得杨绛青眼。在这些追求者眼中，杨绛大概是倔强且冷酷的存在，毕竟很少有女孩子面对这样多而热烈的追求，能始终有礼有节、坚定淡然，没有因冲动而错付任何一段时光。

　　在杨绛众多追求者中，最有名的当数费孝通，两人多年同学，辗转好几个学校，甚至杨绛跳级后，仍然是同学，这让费孝通都不得不感慨两人之间的缘分之深，不自觉地对杨绛多了一份爱慕之情。

相比于著有《围城》的钱锺书，多数人对费孝通此人可能并不熟悉，其实费孝通也是不输钱锺书的大才子。费孝通1910年11月2日出生于江苏吴江一个重视教育的文人家庭，后来成为中国近代非常有声望的社会学家、人类学家，他的著作《乡土中国》时至今日都是社会学和中国语言学问题研究方面的重要著作。

如此才华出众的费孝通，从振华女校起，就和杨绛是同学，两人算得上缘分颇深。

费孝通小时候矮小瘦弱，为避免被别人欺负，母亲强将费孝通送进振华女校，当时整个振华女校只有费孝通一个男生。从那时候开始，成绩优异又机灵可爱的杨绛就吸引着费孝通，让小小少年心中萌生好感，但杨绛却并不太喜欢和费孝通这个男孩玩耍。

时光飞逝，两人同时考进东吴大学，出落得越发耀眼的杨绛在大学吸引了众多男生的目光，成长了的费孝通对杨绛的情愫也在发生微妙的变化，甚至在见到杨绛身边有众多追求者之后放话说："我跟杨季康是老同学了，早就跟她认识，你们追她，得走我的门路。"

这让一些不明真相的人以为费孝通和杨绛在谈恋爱，他俩才是一对儿。放话出去吓退一堆"情敌"后，费孝通开始追求杨绛。他虽然也有才情，亦对杨绛很心动，但他知道杨绛"不恋爱"的心气，所以便另辟蹊径去试探和追求杨绛。

费孝通曾去清华大学找杨绛，迂回地问她："我们做朋友可以吗？"

多年同窗老友，杨绛早就明白费孝通的心意，但她无意于费孝通，也不想浪费彼此的时间，便干脆又坦荡地告诉费孝通："朋友，可以，但是朋友是目的，不是过渡；换句话说你并不是我的男朋友，我也不是你的女朋友。若要照你现在的说法，我们不妨绝交。"这样明确的拒绝，熄灭了费孝通追求的心思，但他们也并没有绝交，反而一直是不错的朋友，乃至费孝通和钱锺书在后来也成为朋友。

多年后，在一次中国社会科学家访美行程中，钱锺书和费孝通同行，两人恰好被安排住在同一个套间，当时钱锺书有每日写日记的习惯，想在日后见面时交给杨绛，费孝通还曾主动给钱锺书邮票，让他将这些日记当作家书寄给杨绛。

对于费孝通追求自己的往事，几十年之后杨绛也曾直言不讳地和钱锺书聊过，钱锺书借《围城》里赵辛楣和方鸿渐之口说："我们是'同情人'。"两人开怀谈笑，只当这是青春年少时发生的一件漂亮小事。

自费孝通被杨绛婉拒后，两人也真如杨绛所说的那样"只是朋友"，二人多年做君子之交淡如水的朋友，偶尔问候，偶尔拜会。钱锺书去世后，费孝通还经常去探望杨绛，杨绛知道他的心意，一次，送他下楼时意味深长地说："楼梯不好走，你以后也不要'知难而上'了。"20世纪90年代，有出版社联系费孝通，表示想将他的文章和杨绛、钱锺书的一起做文集出版。彼时，费孝通也只能感叹："历史真是妙！"

世事漫随流水，人生就是这样玄妙，尚在清华园一起读书时，杨绛和费孝通应该都未曾想到，说做朋友，还真就做了一辈子君子之交，两个人的名字直到六十多年后，还能在书中并列，不可谓缘分不深。

2005 年 4 月 24 日，费孝通逝世，杨绛在送走钱锺书之后，又送走这位多年好友。也许因为长寿，杨绛的一生似乎总是在告别他人。但对 1932 年在清华大学借读的杨绛而言，这些还都是遥远的未来。当时的杨绛虽婉拒费孝通，但她并不是一个拒绝恋爱的人，因为很快她和钱锺书二人就坠入爱河，数不清的书信往来，也难解二人相思之苦。

鱼雁传情难解相思苦

人总有这样的经历，一旦心悦一个人，就有说不完的话，诉不完的衷肠，清风花草香想分享给那个人，点滴喜乐事也想让对方知道，哪怕得到心上人分毫消息，都觉得无限喜悦。

两个爱读书的人走到一起，谈情说爱也多了一份书卷气。钱锺书和杨绛说开误会后，便开始遵从心中的爱意，慢慢相处起来。不同于一般恋爱中的年轻人，他们少有花前月下，更多的是学术和书籍方面的探讨。

相识之初，杨绛和钱锺书会互相推荐好书，两人各自分享读书的心得和感悟。钱锺书比杨绛大一岁，也是无锡人士，其父亲是有名的国学大儒钱基博，但钱锺书却不是那种门门功课出类拔萃的才子，他偏科厉害，数学和物理不及格，但因其他科目极为优秀，所以被清华大学破格录取。在认识杨绛的时候，钱锺书就已经是清华大学声名在外的才子了。而认识杨绛之后，钱锺书深谙男女相悦，想长久相伴，男子要学会表现自己，要积极主动。所以，即使是大才子钱锺书，在当时的杨绛面前也是没那么多自信的，他对杨绛的爱意热烈又急切，短暂相处总嫌不够，两人通信频繁，钱锺书将自己的过去与现在、理想与抱负，以及对杨绛无法当面言说的爱意，都写在信中，一一展现给她看，希望鱼雁传情，借这些信将自己更立体、更丰富、更全面地展现给杨绛。

在给杨绛的信中，钱锺书说自己"志气不大，只想贡献一生，做做学问"。杨绛看后深以为然，认为这个志向虽不大，却也不小了，便回复钱锺书说："我虽学了四年政治，并无救世济民之大志。"相似的人生观，很快将两个年轻人的心拉得更近。

钱锺书给杨绛写的信越来越多，内容除了读书、学术、生活上的琐事，最多的当然离不开青年人恋爱的粉红旖旎，钱锺书很多富有李商隐风格的爱情诗就是在这期间写成的。其中最著名的，要数刊登在 1933 年 12 月《国风》半月刊第三卷第 11 期中的那组《壬申年秋杪杂诗》：

> 海客谈瀛路渺漫，罡风弱水到应难。
>
> 巫山已似神山远，青鸟辛勤枉探看。
>
> 缠绵悱恻好文章，粉恋香凄足断肠。
>
> 答报情痴无别物，辛酸一把泪千行。
>
> 侬娘小妹剧关心，髫辫多情一往深。
>
> 别后经时无只字，居然惜墨抵兼金。
>
> 良宵苦被睡相谩，猎猎风声测测寒。
>
> 如此星辰如此月，与谁指点与谁看？
>
> 因人节气奈何天，泥絮棨函梦不圆。
>
> 苦雨波寒宵似水，百虫声里怯孤眠。

诗中饱含相思之情，有些埋怨地指出在他们二人离别之后，杨季康惜墨如金，没有回复一个字，就算星辰明如月，又能和谁分享呢？在钱锺书看来，杨绛当时就像他精神世界里的妙人，是他一刻也不能不思念的存在。

除了这些李商隐诗风的深情之作，钱锺书还将宋明理学家的话运用在诗中，给杨绛写过一首七言诗《不寐从此戒除癞词矣》：

销损虚堂一夜眠，拼将无梦到君边。
除蛇深草钩难着，御寇颓垣守不坚。
如发篦梳终历乱，似丝剑断尚缠绵。
风怀若解添霜鬓，明镜明朝白满颠。

钱锺书在诗中将刻骨相思类比成蛇入深草，蜿蜒动荡得让人难以捉摸，写相思也是写佛理，诉衷情也是说自我修养。连钱锺书自己对这首诗也很得意，曾自负地说："用理学家语作情诗，自来无第二人！"

在那个没有手机和网络的时代，钱锺书对杨绛的思念，只能用一封封情书来寄托。纸笔遥寄相思，大概算是读书人更钟爱的浪漫交流。

但杨绛给钱锺书的回信却比较少，这当然不是因为她对钱锺书爱得不够多，主要是因为她并不很喜欢这种表达方式。虽然杨绛会在课堂、图书馆、校园小路等每个地方，第一时间打开钱锺书的信反复阅读，但她的回信很少。杨绛始终是那个遵从自己内心的姑娘，就像父亲杨荫杭教育她的那样，"你想怎么做，随心意"，在与钱锺书的这份爱情里，杨绛也仍然坚持着自己的原则。深爱却不盲目，热烈却不失自我，也许正是爱情中的这份冷静与理智，让杨绛日后收获了美满的家庭生活。

　　此时，杨绛享受着与钱锺书书信传情、热烈交往的时光，同时感到光阴紧迫，想迫不及待地汲取清华大学的养分。短短一学期的借读生活结束之后，杨绛需面对的仍是学业与前程的规划和选择。

任职小学教师

关于在清华大学借读的这段时间，杨绛在后来的回忆中是这样说的："我到了清华，才用功听课，不再懒懒散散。"对没能在清华大学读本科，错过清华大学外文系的鼎盛时期，杨绛心中是觉得遗憾的。所以，有幸在大学的最后一年来清华大学借读，杨绛积极利用学习时间选了很多有分量的科目。比如，蒋廷黻的西洋政治史、浦薛凤的政治经济史，以及温源宁的英国浪漫诗人。

温源宁同时是钱锺书的老师，得知钱锺书和杨绛在恋爱，在课堂上就格外关注杨绛。某次小考中，杨绛因为在西洋文学史基础知识的学习方面有些短板，又不想胡乱答题去应付老师温源宁，便选择交白卷。这很符合杨绛坦荡、真诚的一贯做法，但让温源宁觉得杨绛才学不足，钱锺书大概是看上了杨绛姣好的外貌，遂语重心长地劝告钱锺书："Pretty girl 往往没有头脑。"这个小误会，在后来还被传为趣事。

时光飞逝，杨绛在清华大学借读的日子，就在这样紧凑学习，与钱锺书书信传情的时光中悄然溜走。在 1932 年 7 月完成大四学业后，杨绛面临何去何从的选择。

钱锺书劝杨绛留在清华大学补习两个月考清华大学研究院，若是考试顺利，则杨绛就能跟他同学一年，正好他那时将上本科大四年级。杨绛心中的目标虽然是投考清华大学研究院外语系，但她在功课上十分严谨，知道清华大学本科四年的课程，自己用短短两个月时间是绝对补不上的，于是便决定将投考清华大学研究院一事暂时搁置，准备先自学一年再投考，避免仓促应试。

就杨绛复习一事，钱锺书给过很多建议和帮助，并积极帮杨绛准备考试所用书籍和资料，也建议杨绛就留在北平，与自己相伴备考。而且，这期间钱锺书也提过想与杨绛先订婚，但杨绛并不想在前途未定的时候过早进入婚姻生活，这不免让钱锺书有些失望和惆怅。

虽然与钱锺书正在热恋，也很感谢对方的帮忙，但有主见的杨绛有自己的打算。自一·二八事变后，杨绛曾与家人一度失去联系，这让她对家中情况很是担忧，于是，备考清华大学研究院阶段，杨绛决定先回苏州找个工作，顺便探望家人。

钱锺书对杨绛回苏州的决定虽然不舍，但也别无他法，只好在杨绛回苏州后写更多的书信，以偿相思之苦。

1932 年秋，杨绛回到苏州，在亲戚的介绍下，开始在上海工部局华德路小学做教员。这份工作每月薪水 120 元，有多种福利，在当时看来已可算是"金饭碗"。

杨绛原本以为在小学当老师能有很多闲暇时间补习外国文学，可实际做起来却发现，因为没有当老师的经验，想讲好课就有太多东西需要学习，而且想教好孩子们的课程、批改好学生的作业，也需要占用一部分时间，工作并没想象中轻松。

这份小学教员的工作福利还包括医疗方面，也就是身体检查。体检合格后，会给老师打预防伤寒的疫苗，一共三针。没想到，杨绛对这种防伤寒针不耐受，打完第三针后，就发了很严重的风疹（荨麻疹），全身上下又肿又痒，十分痛苦。

为了完成好小学教学工作，杨绛每天虚心地向同事俞、徐两位女士请教，这两人都是沪江大学教育系的高才生，杨绛从她们身上学到的东西，在她任职小学教师期间十分有用。然而，虽然有热心同事的帮忙，杨绛的日子过得还是十分糟糕，用她自己的话说就是"天天又病又忙"。到当年10月10日放假回苏州时，杨绛的父母见女儿健康情况堪忧，实在不放心杨绛继续做这份工作，劝说杨绛还是将这个"金饭碗"留给更需要的人，自己好好留在家里养病。

杨绛听从父母的话，返回苏州家中休养，但荨麻疹虽然不算很严重的毛病，却很难痊愈，算是很顽强又困扰人的病，这导致杨绛一度产生了推迟或放弃考清华大学研究院的念头。远在清华大学读书的钱锺书得知杨绛要放弃考清华大学的想法，十分不赞同，写了很多信来劝说杨绛。杨绛因病症折磨、工作忙碌，无暇在信中和钱锺书申辩，于是便不理钱锺书，很长时间没有给他回信。

因为收不到杨绛的回信，钱锺书以为杨绛是想疏远他，从此不再理他，便十分伤心，写了许多伤心诗，当然给杨绛的书信也从未断过。在钱锺书的书信攻势下，杨绛还是决定与钱锺书和好，并鼓起勇气将自己和钱锺书恋爱的事和父母讲了。随后，在1933年的寒假期间，钱锺书还特意到苏州探望杨绛，杨绛将钱锺书介绍给了父亲杨荫杭。

回忆起将钱锺书介绍给父亲这件事时，杨绛这样说过："锺书初见我父亲也有点怕，后来他对我说，爸爸是'望之俨然，即之也温'。"也许是同为读书人的原因，杨荫杭对钱锺书的印象很好，两人相谈甚欢，杨荫杭还称赞钱锺书"人是高明的"，可见他对这位乘龙快婿十分满意，算是认可了女儿和钱锺书交往。

但认可是一回事，放心让女儿嫁给钱锺书则是另一回事。此时的杨荫杭还有一些担忧，主要是担心钱锺书尚未毕业，不知能否承担起养家的重任。可钱锺书那边却想法不同，得到杨荫杭的肯定，钱锺书想和杨绛在一起的心是急切的，所以在拜见完杨绛的父亲之后，钱锺书很快便邀请杨荫杭的两位好友做媒，按照传统礼仪流程由父亲钱基博带着上门提亲，准备先和杨绛订婚。

1933 年的暑假，杨绛和钱锺书二人在苏州的酒店举行了订婚仪式。此前，钱锺书家人虽没见过杨绛，但知道钱锺书和杨绛书信往来的事。钱锺书的父亲钱基博见过杨绛写给钱锺书的信，其中一些信件还是用英文写的，所以十分满意这个才华横溢的儿媳妇，还曾专门给杨绛写信，告诉杨绛他很放心将儿子钱锺书托付给她。可见，杨、钱两家都很满意这门亲事，觉得他们这一双璧人是天作之合。

关于这场订婚仪式，杨绛在回忆中是这样说的："（二十世纪）五六十年代的青年，或许不知'订婚'为何事。他们'谈恋爱'或'搞对象'到双方同心同意，就是'肯定了'。我们那时候，结婚之前还多一道'订婚'礼。而默存和我的'订婚'，说来更是滑稽。明明是我们自己认识的，明明是我把默存介绍给我爸爸，爸爸很赏识他，不就是'肯定了'吗？可是我们还颠颠倒倒遵循'父母之命，媒妁之言'。默存由他父亲带来见我爸爸，正式求亲，然后请出男女两家都熟识的亲友作男家女家的媒人，然后，（因我爸爸生病，诸事从简）在苏州某饭馆摆酒宴请两家的至亲好友，男女分席。我茫然全不记得'婚'是怎么'订'的，只知道从此我是默存的'未婚妻'了。那晚，钱穆先生也在座，参与了这个订婚礼。"

这场记忆中高朋满座、欢声笑语的订婚宴之后，钱、杨二人的爱情水到渠成，未来美好生活似乎也更添憧憬。而热闹的订婚宴会之后，仍是漫漫人生路，因为在这期间，杨绛积极准备清华大学研究院的考试，终于得偿所愿地考进了清华大学研究院，钱锺书为了生计却要去上海做讲师，两人订婚后不久就开始分别两地的生活。

考进清华大学研究院

订婚后的生活和过去似乎没有什么太大不同，只是除了父母杨家人，杨绛身边又多了钱锺书及其家人的关心。

杨绛和钱锺书都不是只顾儿女情长的人，两人关于未来都有自己的打算。早在订婚前，杨绛就下定决心要考清华大学研究院。1933 年上半年，杨绛在钱锺书的指导下，开始集中补习外文系的功课，为考取清华大学做准备。

钱锺书在清华大学读书，对此届研究生考试的信息了解较多，给杨绛提供了不少帮助。当时考清华大学研究院外国语言文学部需考三门外语，杨绛过去自学过多年法语，自身又有很强的英语功底，遂准备再自学一门德语用于考试。

虽然复习的时间和以往相比相对充裕，且有钱锺书指点帮忙，但三个月自习一门全新的外语，对杨绛而言还是很有难度。经过一番苦学，暑期考试前，杨绛的德语也仅能勉强读《茵梦湖》这样的德文书。

出人意料的是，考试当日，杨绛来到上海交通大学参加考试，清华大学研究院却临时修改了考试规则，只需考两门外语，第三门外语可以免试。虽然杨绛临时抱佛脚突击的德文无用武之地，法文也没有很多的复习时间，但好在她外国语言功底比较深，还是顺利通过考试，被清华大学研究院外国语言文学部录取，终于得以踏进她多年梦寐以求的清华园，以一名研究生的正式身份读书。

另一边，钱锺书毕业后没有按照之前的打算，继续在清华大学读研深造，而是计划投考中英庚款留学奖学金。但报考中英庚款留学奖学金需要两年教课经验，为了获得应试资格以及承担起订婚后的家庭责任，让岳丈杨荫杭不担心杨绛和自己日后的生活问题，钱锺书急需出去教书。所以，在杨绛去清华大学研究院读书的同时，钱锺书也要去上海光华大学（今华东师范大学）入职当英语讲师，聘期两年，月薪90元，一年按十个月任教工作时间计算。

当时，钱锺书的父亲钱基博也在上海光华大学任教，父子二人同校任教的美谈，一时之间被众人津津乐道。

两人刚订婚就天各一方，各居南北，钱锺书十分惦念杨绛。恰巧当时家中族人钱穆在燕京大学任职，也要去北平，钱锺书的父亲钱基博便拜托钱穆先生北上路上多照应杨绛。

其实，外出求学对杨绛而言并不算是什么难事，过去在清华大学借读时，她也是带着行李一人北上，此次有了往日的经验，杨绛甚至没带太多行李，只收拾了简单的物品，决定抛下那些"无用之物"，轻装上阵。这样的利落做派，让钱穆称赞杨绛是个有"决断"的人，在车行路过古战场时，随和的钱穆先生还与杨绛谈古论今，聊了很多。虽然此行之后，杨绛再没见过钱穆，但钱穆病逝后，杨绛回忆起这次同行经历，还写过文章《车过古战场》

以悼念钱穆先生。

待来到清华大学之后，摆在杨绛面前的则又是一番任意驰骋的学海天地。不同于上次来清华大学借读，此次杨绛是以真真正正清华学子的身份来清华大学研究院读外国语言文学研究的。

时过一年，杨绛钟爱的清华大学图书馆又扩大了，身为研究生，比本科生可借读的书目更多，有机会去教师及研究生才许进的书库借阅。杨绛仿佛鱼入大海，在书海中畅游得欢快，不放过任何一丝闲暇读书的时光。

除了阅读空间广泛自由，清华大学研究院众多大师教授的指导，也给杨绛的文学深造创造机会，为她日后的文学事业发展奠定坚实基础。这期间，杨绛选修了朱自清的散文课，吴宓的中西诗比较，吴可读的英国小说，梁宗岱的法国文学和翟孟生教授的欧洲文学史等课程。这些课程都是杨绛文学创作的养分与原乡。

值得一提的是，1933 年，受朱自清散文课教学的影响，杨绛写出了自己的处女作《收脚印》，这篇散文是杨绛在朱自清班上的第一篇课堂卷，受到朱自清称赞，并刊发在《大公报·文艺副刊》上，后来还收录在 1994 年出版的《杨绛散文》中。从这篇散文中可以看出，这个阶段的杨绛已经逐渐摆脱了稚气的生活，开始更深入地对社会有所接触和感悟，而文章淡雅词调下的深厚意蕴，则体现了杨绛文学思想上的深度。从此篇散文开始，杨绛算是正式走上了文学创作的道路。所以，朱自清也可以看作杨绛文学路上的导航灯塔。

1934 年，入学一学期之后，杨绛就获得了清华大学优秀生奖，每月可得 20 元奖学金，学期开始的那个月，因为需要交 10 元学费，更可以多得一些，有 30 元奖学金。当时清华大学饭堂女生包饭是每月 7 元，杨绛的饭费仅用 5 元，奖学金及省下来的这些钱完全够杨绛自给自足。如此一来，她不但能为家中减轻负担，自己的手头也更为宽裕，这让杨绛十分开心，往后的每学期都努力获取奖学金。

总的来说，杨绛在清华大学研究院读书的这段日子，可以算是她人生中极为幸福快乐的时光，虽然与刚订婚的钱锺书分隔两地，但在学术上取得的收获和进步，让杨绛感到前所未有的满足和珍惜。二人虽一南一北，杨绛和钱锺书还是有机会见面的，而且钱锺书爱写信的习惯一直未改，纷至沓来的信件，让有情人隔万水千山却不觉遥远。

苏州大婚

　　订婚后就各自忙碌的两人，到 1934 年春假才有空再见。钱锺书得了假期就立刻回母校清华大学探望杨绛，两人携手一起游览了不少北京名胜。

　　过去在清华大学上学时，钱锺书并不是个爱游览的人，只跟班集体去过颐和园和香山，对北京的名胜比较陌生。杨绛则不同，她是个喜欢新鲜事物，喜欢历史名胜的人，初到北京就几乎走遍当地的所有景点。此次春假相聚，有杨绛带着，钱锺书也一改往日习惯，快乐地在北京大地上游览，并作《记四月二日至九日行》一诗，纪念自己和杨绛的这段小聚：

　　　　纷飞劳燕原同命，异处参商亦共天。
　　　　自是欢娱常苦短，游仙七日已千年。

　　可惜，再美的风景也抵不过时光匆匆，短短七天小聚后，杨绛和钱锺书两人面对的又是离别。两人无奈又重新回到寻常生活模式，为学业，为事业拼搏，只有一封封飞渡山海的书信，成为两人分离岁月里的一抹希望。

1935 年，钱锺书在光华大学两年任教期满，完成了国内的教学服务期，他就有机会参加中英庚款留学的考试，可以争取奖学金。

中英庚款留学奖学金的考试前后一共举办过八次，钱锺书参加的 1935 年 4 月这次是第三次。此次考试报名的考生共 290 人，实际应考的有 262 人，但最终录取的却只有 24 人。钱锺书在此次考试中独占鳌头，不但斩获考试成绩第一，还成为唯一一个被英国文学专业录取的考生。

钱锺书在录取后第一时间将好消息告诉了杨绛，积极准备赴英留学的事，此外，钱锺书还有一个打算，希望杨绛能陪他一起出国留学。

杨绛十分理解钱锺书这一打算，他从小生活在书香世家，生活环境优越且不擅长打理，独自出国留学有诸多不便。如果杨绛可以陪同一起出国，则二人互有照应，于杨绛的学业也算更上一层楼。

其实，杨绛心中也是有出国留学想法的，只是当时清华大学研究院的毕业生虽然都要被送出去留学，但外语学院不一样，学生即使毕业也不能出国留学，想留学都需自费。这让杨绛有些犯难，但为了能和钱锺书在一起，照顾他的生活，与他携手进步，杨绛思索再三，还是决定办理休学手续，申请自费留学，与钱锺书共同进退。

在处理世俗问题上，杨绛一直是个主意高明且有决断的人，既然打定主意和钱锺书一起赴英国留学，就需要先完成二人的婚礼。虽然当时二人已经订婚，但是既然要一同出国生活，就还需名正言顺，才不会受外界非议。清醒的杨绛打定主意，就着手准备一系列事情。

彼时杨绛尚未毕业，为准备婚礼就需提前回家，学期末的两门考试则无法参加。还好老师都很宽厚，商议后同意杨绛用论文和习作代替考试，而杨绛这次的习作，即是后来被朱自清先生推荐发表在《大公报·文艺副刊》上的《璐璐，不用愁！》，后来还曾被林徽因收录进《大公报文艺丛刊小说选》中，可算杨绛早期另一篇优秀作品。

解决完学校方面的事，杨绛匆忙返回苏州家乡，甚至来不及提前写信告诉父母这一消息。乍见杨绛回家，杨荫杭和妻子都很是惊讶，甚至不敢相信杨绛真的回来了。这几年杨荫杭身体大不如前，前不久还在开庭时有轻微中风的症状，已经告别律师生涯。如今看到女儿突然回来，自然也是希望让女儿多陪伴自己的。然而，杨绛和父母坦白了要陪钱锺书赴英留学的事，并讲了此次匆忙回家是想在赴英国前与钱锺书完婚。

杨荫杭明白女儿的志向，也十分认可钱锺书，虽心中万般不舍，还是没有阻拦女儿，只希望她平安快乐，给她自由奔向理想的机会。

在家人的祝福下，1935 年 7 月 13 日，杨绛与钱锺书在苏州庙堂巷杨府举办了婚礼。

与订婚宴时一样，钱、杨两家亲朋好友众多，席间鸿儒大家往来，热闹非凡。当天由杨绛的父亲杨荫杭主婚，证婚人则是张一麐（仲仁）先生。这场婚礼行的是西式风格，新潮洋派，安排了伴娘伴郎、提花篮的花童女孩和提婚纱的花童男孩。

钱家那边也十分重视婚礼，钱锺书在父亲钱基博和弟弟钱锺英、妹妹钱锺霞的陪同下来到杨家。当天有乐队奏结婚进行曲，也有赞礼。婚礼的仪式流程则采取中西结合的方式，有中式的新人行三鞠躬礼，也有西式的交换戒指、在结婚证书上由伴郎伴娘代盖印章环节。婚礼仪式结束后，杨绛家请的摄影师还为新人摄影拍照。当日天气炎热，婚礼时的光线也并不理想，拍照的效果实在有些让人遗憾。

据杨绛后来在回忆中写道："（《围城》里）结婚穿黑色礼服，白硬领圈给汗水浸得又黄又软的那位新郎，不是别人，正是锺书自己。因为我们结婚的黄道吉日是一年里最热的日子。我们的结婚照上，新人、伴娘……都像刚被警察拿获的扒手。"

不过，瑕不掩瑜，这场婚礼还是热闹喜庆的。照相完毕就是酒席环节。且还有一系列拜父母、拜祠堂的仪式。

杨绛回忆自己婚礼那天的阵仗提道："照相毕，摆上喜酒，来宾入席，新娘换装，吃喜酒。客散后，新娘又换装，带了出国的行李，由钱家人接到无锡七尺场钱家。新人到钱家，进门放双响爆仗、百子爆仗。新娘又换装，与锺书向他父母行叩头礼，向已去世多年的嗣父母行叩头礼（以一盆千年芸、一盆葱为代表，置于椅上）。向叔父婶母等辞谢磕头，行鞠躬礼，拜家祠（磕头），拜灶神（磕头），吃'团圆昼饭'。"

直到晚上，婚礼也不算全部结束，还有晚上请客吃喜酒的环节。一天折腾下来，两个新人都被磋磨得够呛，甚至累到生病。因为婚礼这场忙碌，钱锺书发烧，杨绛生疹子，因两人不日即将出国，走之前还有好多事要准备，好多应酬要参加，两人也都未得休息时间。钱锺书稍好些就即刻前往南京接受出国培训，杨绛病未愈就该收拾行装去上海，甚至连回门礼都没法正常进行。这样隆重的婚礼让杨绛记忆深刻，而婚礼宴席、与钱锺书的家人相处、告别父母等一系列事情更让杨绛清晰意识到，从此她和钱锺书的生活轨迹就紧绑在一起，她已经成为钱锺书的妻子，以后要携手同行、互相扶持。

关于与钱锺书的婚姻，很多年以后，杨绛读英国传记作家对理想婚姻的概括："我见到她之前，从未想到要结婚；我娶了她几十年，从未后悔娶她；也未想过要娶别的女人。"便把这段文字读给钱锺书听，丈夫钱锺书当即回道："我和他一样。"杨绛也答："我也一样。"杨绛与钱锺书的婚姻就从苏州杨府这样一个热烈的夏日开始，往后从中国到英法，一路相伴，给后人展示了婚姻最好的模样。

夫唱妇随，伉俪情深

　　杨绛的婚姻生活可以算是从离开上海的船上开始的，从上海到英国，从清华到牛津，1935 年夏，对杨绛而言是人生全新的开始。妻子身份的转变，异国求学的挑战，让杨绛战战兢兢，又因有钱锺书相伴而觉得可相依为命。两人在牛津留学两年，又去法国巴黎求学一年，多地求学的经历，让杨绛对欧洲各国文化习俗、语言特点、风土人情等有了全新了解，也给杨绛的语言学习提供了更多实践机会。海外求学的时光，充满夫唱妇随的深情，是彼此伉俪情深的陪伴，杨绛继续用独属于她的智慧，谱写传奇人生又一篇章。

年轻伉俪牛津求学

钱锺书在《围城》一书中曾提出这样一个观点：想要成为夫妻，结婚前的一次旅行是很有必要的。旅行不能短，至少一个月，这样能看透彼此。

钱锺书这样的观点大概算得上是人生智慧，两个舟车劳顿、心烦意乱的人长期在一起，还能和睦相处，才真能结婚。所以，在钱锺书看来，蜜月和结婚应该反过来才对。不知他这种觉悟是否来自亲身体验，但杨绛和钱锺书此次远渡重洋去牛津的路程，是求学，也可看作蜜月。这是他们二人第一次以全新小家庭的面貌远离父母，远离中国，前路茫茫，全靠他们二人互相支撑。

这次出发前收拾行李，杨绛和钱锺书二人带得最多的就是书，两个人都是爱书的人，出国又怕中文书不好找，随身行李中带了很多《论语》《孟子》《左传》《随园诗话》这类书。杨绛在牛津时还经常重读这些书，一本本文集、诗集都成为杨绛夫妇远在海外的一丝乡愁慰藉。

带着这些精挑细选的书和简单行李，杨绛和钱锺书拜别钱氏父母，去往上海等待坐船。在上海杨绛借住三姐家，钱锺书暂住别处，待到 1935 年 8 月 13 日，二人才坐上从上海出发的邮轮。

出发当日，杨绛有三姐送行，钱锺书则有老师温源宁先生和邵洵美先生送行。因为杨绛是自费学生，钱锺书则是考取了奖学金的，所以二人同船却不同舱。

回忆起这次远行，杨绛在《我们仨》中说："1935年7月，锺书不足二十五岁，我二十四岁略欠几天，我们结了婚同到英国牛津求学。我们离家远出，不复在父母庇荫之下，都有点战战兢兢；但有两人做伴，可相依为命。"缓缓离港的邮轮留下的是杨绛他们二人对家乡亲人的惦念，驶向的却是广阔天地，充满挑战、冲破屏障的辽阔世界。

邮轮一路西行，所见一切对他们来说都充满了新奇。在香港遇到飓风，折腾得两夫妻严重晕船，不思饮食；路过新加坡，得英国官方邀请留学生参观海上停驻飞机；过斯里兰卡又参观神庙景点。行至大西洋，杨绛夫妇还遇船上有人去世，第一次见识了海葬。漫长旅程在船行三星期后，才得以靠岸英国。到英国后，两人并没有直接去牛津报到，而是先在伦敦小住了一段时间，拜访亲友，顺便游览。

这一路坐船游览，可算是杨绛夫妇二人最轻松快乐的一段时光，他们一路见到西方国家厚重的历史和独特的风土人情，开阔眼界亦增长见闻。

一番游玩后，杨绛夫妇二人决定前往牛津大学办理入学手续。因钱锺书是通过考试拿奖学金来读书的，所以享受公费学习待遇，按照他考取的专业，顺利进入牛津大学埃克塞特学院攻读文学学士学位。但杨绛方面就不太顺利了。

杨绛原本也钟情文学，准备攻读文学方向的专业，但因为她属于自费上学，文学专业当时学生已满，可选的只剩历史，且学校不提供住宿，需自己寻落脚的地方。杨绛思虑再三，不想退而求其次学历史，便决定在牛津大学旁听，自修西方文学。

当时牛津大学自费生会穿一件黑布背心，衣服背上还有两条黑飘带，而有奖学金的学生则可穿长袍。在牛津大学和附近的街区，就经常能看到穿着带飘带的黑布背心或者穿长袍的学生来回往返，算是一道独特的风景。看到这些，杨绛着实羡慕和心酸，她又何尝不想成为牛津自费生，穿着黑袍，融入上课下课的牛津学生之中呢？然而，已为人妇的杨绛需要考虑更多事情。牛津自费生学费高昂，且需要另外交导师费，她和钱锺书在牛津租房吃住费用都很高，这还不算一些额外花销。当时，远在国内的父亲杨荫杭因高血压已经不能工作，自己不能侍奉双亲已是愧疚，又怎么能不懂事地再向家长要学费呢？所以，杨绛只能作为旁听生在牛津大学继续追求她的文学梦想。

虽然杨绛没机会穿上牛津大学那件黑布背心，但钱锺书可以。他得了庚款奖学金，因没有牛津大学奖学金，算是自费生，没长袍穿，可穿黑布背心。杨绛很宝贝钱锺书这件黑布背心，在她心中，这大概算是牛津大学的象征。在很多年后的 2003 年年初，国家博物馆筹备百年留学历史文物展时，杨绛还提供了这件珍藏的背心和当时与南洋公学留学生的合影。星移斗转，沧海桑田，近 70 年后仍被保存很好的黑布背心，承载的也许是杨绛心底对牛津大学、对文学不曾遗忘的追求。

牛津大学旁听的日子对杨绛而言是美好的，有课时杨绛会和几个修女一起在旁听席听课，没课时她也不会荒废时间，基本是和钱锺书一起泡在图书馆里。牛津大学的图书馆名为 Bodleian Library，钱锺书将其翻译为"饱蠹楼"。馆内藏书有五百万之多，就连手稿也有六万多卷。面对如此丰富的藏书，杨绛就像海绵投入大海，如饥似渴地汲取知识。

过去，杨绛一直觉得自己本科时学习政治，在文学方面没有系统学习过，有很多疏漏和不足。这回在牛津大学图书馆得了如此好的资源，她便给自己安排了一张阅读表，制订了详细的阅读计划，将表格中罗列的图书一一读下来，并认真做好读书笔记。两年下来，杨绛所读的书不限于文学作品，更有哲学、历史、心理学等诸多领域的作品，这些书让杨绛的外文阅读能力和文学知识都有了长足的积累和提升，为她日后的写作打下了良好的基础。

异国他乡求学，比有书为伴更让人欣慰的是有志趣相投的知己能一起读书讨论。杨绛和钱锺书就是这样的知己，成婚后，他们永远有聊不完的话题，永远不停止在精神上的交流。关于自己和先生钱锺书的相处模式，杨绛曾这样说过："文学上的'交流'是我们友谊的基础。彼此有心得，交流是乐事、趣事。"

在这样富有情趣的交流下，杨绛还会和钱锺书比赛谁读的书多，以本为单位，到了年终结算总数。年轻调皮的杨绛爱和丈夫耍赖，会将自己读的小册子也算成一本书，而钱锺书读小册子则不算；自己读的中文书计算数量，钱锺书读的中文书则不算。到年终时，两人读书的数量相差无几，难分输赢，也算是夫妻之间相处的一种情趣。可实际上，钱锺书读书更多，不

第三章 夫唱妇随，伉俪情深

073

但经常重读，还要深读做笔记，这是杨绛不能比的，杨绛自己心中也知道，便更多一份阅读的动力。

由此可见，好的爱情是势均力敌，彼此追赶，在杨绛夫妇牛津大学求学的时光中，我们能看到的是两个热爱学习的人你追我赶，不断进步向上的精神。

当然，人无完人，即使是杨绛心中优秀的丈夫钱锺书，也不是无所不能的。钱锺书读书好，生活中却"笨手笨脚"，不擅长日常生活琐事的经营，在牛津大学还曾闹出过一些让人啼笑皆非的"笨拙"事。

"笨手笨脚"的丈夫

在国内时，杨绛就曾听钱锺书说过自己笨手笨脚，那时候杨绛还以为钱锺书是因为谦虚才故意这样说的。直到来到牛津读书，杨绛才发觉钱锺书的自我评价没有半点夸张或自谦，完全是出自事实。

两人在牛津安顿好之后，初来乍到的钱锺书就不幸地和牛津的地面来了个"亲密接触"，甚至磕掉大半颗门牙。据杨绛回忆说："他初到牛津，就吻了牛津的地，磕掉大半个门牙。他是一人出门的，下公共汽车未及站稳，车就开了。他脸朝地摔一大跤。"

当时杨绛和钱锺书租住了一户姓金人家的一间卧室，同住的还有姓林、姓曾两位单身房客，几人算是互相有个照应。摔断门牙的钱锺书用手绢包着半颗断牙，满口鲜血走回住所，杨绛见丈夫一脸是血的狼狈模样急得团团转。还好林、曾二人都是来牛津访问学习的医学专家，对这样的情况有些经验，叫杨绛陪着钱锺书快去找牙医，先拔断牙再镶假牙，才不至于让钱锺书的牙齿更加"惨烈"。

除了摔断牙齿这桩"惊心动魄"的事，钱锺书的笨手笨脚也曾给两人的日常生活添过一些麻烦。

某次，钱锺书出门上课，杨绛送他出去，没想到两人一个没注意，忽然来的一阵大风将屋门给带上了。杨绛没带钥匙，谁知钱锺书也没带钥匙。当钱锺书急匆匆去上课后，身无分文的杨绛没法找锁匠开锁，便只好寻了一架园丁修剪草坪用的长梯，爬上居所的阳台，再从门框上面窄小的玻璃横窗钻进家中，将门打开，解除了"危机"。从此以后，杨绛知道钱锺书"笨手笨脚"不能指望，就养成了时刻将钥匙拴在裤腰上的习惯，生怕再被锁在外面。

钱锺书还不分南北，不辨左右，不会给鞋带系蝴蝶结，甚至连筷子都用不利索，总是像小孩子那样一把抓地用筷子。乃至后来杨绛生产住院期间，将钱锺书一个人留在家里，他也是经常闯祸，让人哭笑不得。当时独自在家的钱锺书经常和杨绛承认错误，像打翻墨水瓶，弄脏了房东的桌布；不小心弄坏了房间的台灯；把家里门轴两头的球弄掉了一个，门关不上了……这种像小学生一样的错误，在"笨手笨脚"的钱锺书那里已经算是平常。可即使这样，在医院休养的杨绛也不会生气，她回答钱锺书的总是那充满温柔与爱意的六个字："不要紧，有我呐！"

对于钱锺书的笨拙，杨绛从不厌烦，反而乐在其中，她包揽了生活琐事，将一切都料理得井井有条。也正是他们二人恰到好处的性格互补，让他们相亲相爱，携手一生，成为别人眼中羡慕的神仙眷侣。

好的婚姻，必不可能是一人单方面的付出，双向奔赴的爱与关怀，才能让两个人的婚姻历久弥新。钱锺书虽然"笨手笨脚"，大多数时间被杨绛照顾，但他也不是大男子主义的人，虽笨拙却也有心在力所能及的地方照顾杨绛。

后来，两人为提高生活质量搬家，杨绛因搬家过度劳累而失眠。没想到，第二天早上起床，杨绛居然看到钱锺书端着丰盛的早餐出现在床头，烤面包、热牛奶、"五分钟煮鸡蛋"，还有冲泡好的红茶等，都是这个"笨手笨脚"的丈夫专门为妻子准备的。杨绛见生活事务上一向笨拙的钱锺书居然为自己准备了如此丰盛的早餐，心中十分快乐。钱锺书见杨绛开心，自己也觉得高兴，便说要给杨绛做一辈子早饭。

好的爱情让人心甘情愿俯首称臣、奉献真心，也让人变得勇敢、坚定，敢于为了对方去学习和改变自己。为了杨绛，四肢不勤、五谷不分的钱锺书能学着做早饭，昔日甚少做家务的"大小姐"杨绛也开始洗手作羹汤，研究起如何给钱锺书做更可口的饭菜。

洗手作羹汤

　　杨绛夫妇住在金家是包伙食的，每日四餐，包括早餐、午餐、下午茶和晚茶。但是两人都吃不惯英国本地餐食，杨绛原本就吃得少，倒也不算太难熬，钱锺书却因为很不习惯英餐的味道，吃得一天比一天少，饿得面黄肌瘦，上学都没精神。

　　杨绛眼见钱锺书因吃不饱而日渐消瘦，心疼不已，加上和其他人合住总是有诸多不便，杨绛就打算改善一下两个人的居住环境，租一处带厨房的房子。

　　杨绛见钱锺书学业繁忙，也不等与他商量，就自己先留意报纸上的招租信息。反正她平时就喜欢散步，正好借散步的机会四处看看房子。终于，溜达寻找了一段时间后，杨绛看中了一个牛津大学对面马路的三层小楼。

　　这座小楼在房子外有楼梯和独立的门，不必进入一楼就可以从外部的楼梯直上二楼，二楼房间更是有起居室和卧室，还有个能看到茵茵绿草的大阳台，杨绛非常喜欢。回去与钱锺书商量好，二人决定租住这里，新年之后就搬家。

　　搬进新公寓有了厨房，杨绛便可以大展身手，给钱锺书做他爱吃的东西，两人也不必再每天被英式食物折磨。

在牛津大学旁听和读书之余，杨绛开始了"卷袖围裙为口忙，朝朝洗手作羹汤"的生活。钱锺书喜欢吃红烧肉，她就学着做红烧肉，钱锺书喜欢吃虾，她就学着做虾。只是，过去几乎从不下厨的杨绛，在厨艺方面的进步空间还很大。

比如，刚开始做红烧肉，杨绛做出来的肉总是又咸又硬，不得章法。这其实也和当时的英国缺少中式酱油醋这类调味品有关。但调味料短缺又怎么会影响聪明的杨绛呢？她回忆起母亲做橙皮果酱的方法，随即大受启发，买了一些中式调料的替代品，将雪莉酒当黄酒用，靠小火慢炖让肉变得软烂喷香。这加了雪莉酒的红烧肉果然美味，让钱锺书吃得心满意足。

除了做红烧肉，杨绛下厨做饭的另一大挑战则是做虾。她十分害怕杀生，一次买了新鲜的虾回来做，剪虾脚和虾须时，虾抽搐不已，吓得杨绛花容失色，瞬间扔掉了手中的剪刀。她觉得虾是因为被剪得疼了才抽搐，便向钱锺书哭诉，说以后都不吃虾了。钱锺书一边给受惊的杨绛科普虾不会像人那样痛，一边宽慰妻子，说以后剪虾的工作就交给他。

有趣的是，杨绛洗手作羹汤的日常，钱锺书都看在眼里，觉得是因为自己的饮食问题才害得妻子这么辛苦，自己不如干脆学道家那样辟谷，那就不用辛苦杨绛操劳做饭了。

实际上，杨绛并不觉得这种做"灶下婢"的日子有什么辛苦的，她每日忙碌却十分开心，因为钱锺书吃饱之后，整个人心情愉悦，人也渐渐胖了回去，甚至比原来在国内家中时更显富态。为了向家人夸奖妻子杨绛，钱锺书还曾给家中寄过一张近照，并随照片向家中报告："爸爸，娘，近照一张，已变肥头胖耳之人矣！皆季康功也。"

除了打理好钱锺书的饮食，杨绛的厨艺日益精湛，还开始邀请朋友来家做客，用美食社交帮助钱锺书。

以前住在金先生家，因只有一间卧室，招待朋友十分不方便，杨绛讨厌烟臭味，但因家中空间有限，也不得不跟着闻两三个小时的烟味。现在搬了新房子之后有两个房间，杨绛招待完客人，为钱锺书他们泡好茶，就可以去另一个房间读书，实在是方便了不少。

有杨绛这个出色的贤内助，钱锺书在牛津的同学和朋友也开始偶尔来家中蹭饭。其中登门最多的要数向达。向达原是北平图书馆馆员，交换来不列颠博物馆誊抄馆内的敦煌卷子，之后又被安排到牛津大学的图书馆进行中文书目录的编辑工作。因为向达寄宿在一户喜欢天天吃土豆的传教士家中，嘴巴上也亏得紧，在尝过杨绛的好厨艺后，更爱来他们二人家中做客，换换口味，和杨绛、钱锺书聊一些留学生中关于钱锺书的八卦。有些人评价钱锺书特立独行，不够合群，钱锺书和杨绛也只是一笑了之，并不上心。可见夫妻俩都是有主见，不被世俗之言左右的性子，如此一心向学，不为外界所累的心性，也在日后帮他们夫妻度过了很多艰难岁月。

杨绛洗手作羹汤，积极操持家务，让两人小家庭的生活日益明朗起来，生活的舒畅也让两人逐渐有了胡闹玩乐的兴致。

钱锺书在学术方面虽然严谨，在生活中却是个大顽童，会趁杨绛午睡时用毛笔蘸着墨汁在杨绛脸上作画，杨绛觉得好气又好笑，后来发现墨汁难洗干净，便佯装生气地勒令钱锺书不许再这样。钱锺书也知妻子生气，事态严重，便不再胡闹，改为在纸上画杨绛肖像，却不改顽皮本性，总要在画的最后给杨绛画上眼镜和胡子。

婚姻生活给杨绛带来的是全方位的成长和变化，除了热衷下厨研究菜谱，积极为钱锺书改善伙食，杨绛还添了理财的本领。过去在父母的庇护下，杨绛也是不管家理财的娇俏人，但结婚之后，杨绛发现钱锺书是个完全不善持家的人，她便主动承担起管理家中财务的责任，给小家庭做好日常预算。杨绛的聪明在理财方面也十分明显，两人经济虽然不算宽裕，但杨绛会精打细算，凡事宽打窄用，从未让家中闹过饥荒，到月末甚至还能有一些富余，余出来的钱也会用作正途，杨绛一般会用剩余的钱给钱锺书买书。这样的理财能力让钱锺书十分佩服，更放心地将家中钱财都交给杨绛打理，杨绛掌管家中"财政大权"的习惯也持续了一生。

从初为人妇的青涩到游刃有余操持家务的从容，杨绛把每一段人生都过得津津有味。可以说杨绛是有冒险精神的，无论是从清华大学休学陪钱锺书来牛津大学，还是坚定学文学选择去牛津大学旁听，抑或是积极转变主妇角色，将二人家庭生活照顾得井井有条，杨绛总是从容有耐心地将每段经历整理好，沉淀下来，无论成败，皆有收获。

初为人母的喜悦

　　不同于国内大学每年有寒暑两次长假，牛津大学每年分三个学期，且暑假有三个月那么长。每到假期，大学里那些纨绔子弟就会到处旅游散心，钱锺书专注学业，喜欢留在学校继续泡图书馆。但毕竟和杨绛一起留学的机会难得，他们也希望有机会多四处走走，见识更多当地风光，两人便合计着，等钱锺书考试结束，两人好好利用这个暑假去巴黎、伦敦度假"探险"。

　　不同于牛津幽静的花园氛围，两人度假来到伦敦后，就喜欢上这里浓厚的浪漫洋派风格，以及自由欢乐气氛。当时钱锺书的堂弟钱锺韩正在伦敦读书，特意招待了钱锺书夫妻逛了伦敦的博物馆和一些画廊。钱锺韩是个有魄力和冒险精神的人，正趁着暑假参加环北欧骑车旅行。钱锺书夫妻没有这样的本事和气魄，只有羡慕和敬佩的份儿。但他们夫妻也有自己的乐趣，杨绛更爱探索市区，钱锺书也乐于此事，夫妻俩便从住所闲逛到海德公园，逛了伦敦当地不少自然风景和街区，还去了特拉法广场和托特纳姆路的旧书店。从城市西边的富裕区域逛到城市东边的贫民窟，拜会同学，也增长了不少见闻。

　　等两人逛到巴黎时，一封意外的电报打乱了他们的行程，却也让一直因为在牛津大学旁听而心底委屈的杨绛小小得意了一回。

1936 年，两人游至巴黎，钱锺书接到电报，政府派他以"世界青年大会"代表的身份到瑞士日内瓦开会，另有一位在巴黎的中国共产党党员朋友王海经，邀请杨绛作为"世界青年大会"共产党代表去参会。

对于此次被邀请，杨绛十分得意。之前和钱锺书一起，杨绛总是以借读、陪读、旁听的身份出现，没有自己的位置，可这次她是正式被邀请的，有自己的身份和任务，并不是陪同或陪衬，这让杨绛觉得很自豪。

此次前往日内瓦，杨绛他们需随着一群共产党代表一起走，乘火车出行时，恰好与陶行知在同一个车厢，三人一见如故，相谈甚欢，陶行知还在车厢过道教杨绛辨别星星的科学方法，一趟车程下来，于杨绛而言也算十分有趣的特别回忆。

到了日内瓦开会时，杨绛夫妇虽然身担大会代表的任务，但也有机会游览风景，日内瓦各处旖旎风光，他们都不想错过。杨绛最爱日内瓦湖周围的湖光山色，喜欢和钱锺书牵手散步在湖边，感受清风鸟鸣的自在。这样执手漫步的日子，越发让杨绛觉得她和丈夫钱锺书之间有着密不可分的深厚感情，并且在这段时间里，杨绛还迎来了一个喜讯，她怀孕了。从此以后，她与钱锺书不仅是夫妻，也是父母，是共同拥有这世界上最深纽带的至亲家人。

杨绛孕期反应比较大，在从日内瓦回牛津的路上就难受得厉害，还好得同行的加拿大女代表照顾，状况才稍好一些。所以钱锺书对加拿大人的印象很好，认为他们热情且真诚，兼具英法人的一些美德。

这次暑假期间，除了度假和去日内瓦参会，杨绛和钱锺书还办了一件重要的事情，那就是一起在巴黎大学注册入学。当时杨绛他们商量打算去巴黎大学攻读博士学位，暑假路过巴黎时，杨绛在清华大学读书时的同学盛澄华正在巴黎大学攻读文学，他听说杨绛夫妇有来巴黎大学进修的打算，就建议他们及早注册入学，因为想在巴黎大学攻读博士学位，须有两年学历。听了盛澄华的建议，杨绛夫妇立刻行动，趁着暑假有时间，在返回牛津大学之前，就拜托盛澄华帮他俩注册，办入学手续。因此，在 1936 年秋季学期开始前，杨绛夫妇虽仍返回牛津大学读书，实际上却已经是巴黎大学的学生，只待时间到了便前往巴黎大学读博。

当然，巴黎求学之事还是后话，除了学业方面的规划，在 1936 年的秋天，对杨绛和钱锺书最重要的事就是充满期待地迎接孩子的到来。

杨绛怀孕对两人而言是天大的喜事，无论是杨绛还是钱锺书，面临这样的惊喜都是既兴奋又紧张。一有空闲，两人就会聊起孩子的事情。

两人猜测杨绛怀的是男孩还是女孩，钱锺书想到自己的笨手笨脚，又看到妻子的美好可爱，便对杨绛说："我不要儿子，我要女儿，只要一个，像你的。"杨绛却更愿意孩子像丈夫，可见无论大师泰斗还是寻常人家，深爱一个人时，都希望孩子像对方，觉得那才是世间最完美的样子。

刚开始时，杨绛对怀孕不以为意，她以为孩子在肚子里，又不会妨碍什么，且由得他去，自己该做什么做什么，计划不会被打乱。谁知随着月份渐长，杨绛才发现怀孕是件十分辛苦的事，她常觉得精神疲累，力不从心，孕期反应严重时特别影响生活，甚至都无法专心读书。

爱妻深切的钱锺书将杨绛的疲惫与难受看在眼里，自然是心疼不已，可嘴上却不爱说什么甜蜜话哄杨绛，反而打趣她："晚，季总计今年所读书，歉然未足……以才媛而能为贤妻良母，又欲作女博士……"杨绛知道钱锺书是口剑腹蜜的调皮性格，懂得他的幽默和关心，两个人逗趣拌嘴，对杨绛而言也算是一种舒缓。

钱锺书不会甜言蜜语，但真正将杨绛放在心尖上，为了杨绛生产一切顺利，他不但平日承担起大部分家务，无微不至地照顾杨绛，还早早去医院定下环境很好的单人病房，请求院长介绍最好的医生来接生。

最后，杨绛和钱锺书定下了距家较近的斯班斯医生，医生在给杨绛做了全面产检后，推测她的预产期应该是 5 月 12 日。5 月 12 日是英国国王乔治六世加冕的日子，英国人很看重这个日子，医生还恭喜杨绛会生下一个"加冕日宝宝"，但让人没想到的是，杨绛的生产期居然延后了。

大概是这个孩子并不怎么爱凑热闹，预产期过了近一周，杨绛腹中的胎儿还是没什么动静。终于，1937 年 5 月 18 日的清晨，杨绛开始有了分娩的迹象。一切早已准备就绪，钱锺书冷静地将杨绛送到医院待产。

据杨绛回忆，刚进医院时她还感受不到剧烈疼痛，还有精力躺着看完一本小说，当天钱锺书还陪着她吃了下午茶。而到了第二天，随着分娩迹象越来越明显，杨绛却觉得怎么也用不上力气，没法将孩子生出来。面临这样凶险万分的情况，医生为保证杨绛和孩子的安全，只好采取麻醉后人工助产的方式。万幸，一切顺利，杨绛终于生下女儿。

初为人母的杨绛，此时还没有已经升级成为妈妈的实感，她感受到自己躺在柔软的毯子里，肚子变瘪了，身体却无处不叫嚣着疼痛，疼到她不敢动弹。可面临这样的剧痛，杨绛却没有喊叫哭泣，只是默默忍耐，面对护士对自己不喊叫的疑惑，杨绛只是气力不济地淡淡回答："叫了喊了还是痛呀。"杨绛就是这样一个人。

实际上，杨绛生产时异常凶险，由于分娩时间太长，孩子已经有一些缺氧症状，浑身青紫，靠护士用力拍打才哭出声，算活了过来。这个杨绛用尽全身力气，好不容易才生出来的女孩是牛津这家医院出生的第二个中国宝宝，全院上下都很重视，又因为孩子出生后啼哭声音洪亮，医护人员都亲切地喊她"Miss Sing High"，意为"高歌小姐"，也音译为"星海小姐"。

这个哭声嘹亮的小女孩刚出生就将杨绛夫妇折腾得够呛。杨绛还没来得及仔细体会初为人母的欣喜快乐，就因为疼痛和身体消耗过大昏睡了过去。另一边，初为人父的钱锺书则为了第一时间看到妻子和孩子的状况，一天来回跑了四次医院。

月子鸡汤

世人都说女子怀孕生产是婚姻的照妖镜，一个丈夫若是对妻子不够深爱，那无论平时伪装得多体贴深情，在妻子分娩的时候也会原形毕露。毕竟，这是一个女人一生中最脆弱无助的时候，渴望得到丈夫的关心和支撑。如果这个时候，男人不能承担起一个丈夫的责任，给分娩中的妻子安心和信心，那对妻子内心的伤害，将是往后一生都无法弥补的。

杨绛无疑是幸运且幸福的，钱锺书虽平时不善于说多少漂亮话去哄杨绛，但在她生产的紧要关头却是比所有人都紧张，生怕杨绛有一丝一毫的损伤，就连刚出生的孩子，在钱锺书心中都没有杨绛重要。

5月19日这天，钱锺书一共来看了杨绛四次。杨绛是前一天用汽车送进医院的，两人的家距离医院不远，却没有公交车能到达。钱锺书来医院见杨绛，需要步行横跨几道平行的公交车路。杨绛生产当天，钱锺书上午第一次来，得知杨绛生了个女儿，十分合意，但因医生不允许，故未能见到杨绛。第二次着急地过来，杨绛麻醉药药效未过，尚未苏醒，还是没见到面。第三次跑来医院时，杨绛的麻药劲儿已过，但仍昏昏沉沉，钱锺书没有得机会与杨绛说几句话，她就又昏睡过去。终于，到了下午，钱锺书第四次来医院时，杨绛才苏醒过来，听说从家到医院这段路丈夫已经前后走了七趟，心疼钱锺书劳累，还特意叮嘱他要坐汽车回去。

这回杨绛麻药药效过后清醒了不少，已经有力气和钱锺书稍微聊几句。护士将孩子从婴儿室抱出来给钱锺书看，钱锺书激动地来回打量这个可爱的孩子，郑重地对杨绛说："这是我的女儿，我喜欢的。"

女儿长大后，杨绛还将钱锺书对女儿的第一句"欢迎词"转告给她，女儿钱瑗很是感激。

钱锺书和杨绛只要了一个女儿，没有其他孩子，这主要是出于钱锺书见过杨绛生产的辛苦，对她的心疼和不舍。这样深爱的妻子，钱锺书又怎么舍得让她再经历一次这样惊险又痛苦的生育呢？据杨绛回忆，关于是否再要孩子的问题，钱锺书曾这样和她说过："假如我们再生一个孩子，说不定比阿圆好，我们就要喜欢那个孩子，那我们怎么对得起阿圆呢？"而且，每当女儿生日时，钱锺书也会跟女儿讲杨绛的辛苦，告诉女儿，生日其实也是"母难之日"。钱锺书这些温柔又单纯的话戳中了杨绛的心，也让她更深刻地感受到钱锺书对她纯粹且深厚的爱。

钱锺书的父亲得知杨绛生了女儿，便积极地给孙女取名，孩子属牛，他又卜了一卦，"牛丽于英"，所以便给孩子取名健汝，号丽英，但杨绛夫妇都不喜欢这个名号，觉得太过拗口，便没听孩子祖父的话，给孩子取名钱瑗，顺带取了各种诨名，最后觉得圆圆和阿圆两个称呼最为顺耳，这也成了杨绛夫妇对女儿的爱称。

女儿出生后，杨绛和钱锺书初次经历身份的转变，最先需要解决的还是杨绛坐月子的问题。杨绛身体不好，生产之后身体严重虚弱，在医院住了三周多才出院，几乎算是度过了整个月子期间。但钱锺书觉得妻子难产又体弱，两人远在异国他乡，没有父母在身边照料，更不能让杨绛受委屈，一定要好好补身体。

杨绛出院回家后，钱锺书虽正值论文答辩的紧要关头，时间紧、任务重，却一点没怠慢给杨绛补营养的事。即使笨手笨脚不善厨艺，钱锺书还是积极下厨为杨绛煲鸡汤。

钱锺书炖鸡汤极为用心，不但鸡汤鲜亮美味，他还在汤里加了剥好的嫩蚕豆。一碗鸡汤，杨绛喝最鲜甜有营养的汤，钱锺书吃炖汤剩下的鸡肉，鸡汤还让杨绛奶水充足，能喂饱圆圆，可谓一碗鸡汤，全家受益，至亲至爱间寻常喜乐，煲成一碗月子鸡汤。

杨绛与钱锺书白首不相离，也正是因为钱锺书总会在这种细枝末节处给杨绛感动，让她始终为他倾心，让她深信自己所托是良人。他们是最懂彼此的伴侣，是最爱彼此的亲人。

在这样一碗碗鸡汤的滋养下，杨绛的身体日渐好起来，很快地学会了如何给孩子穿衣、洗澡、喂养，逐渐成为一个有模有样的优秀妈妈。另一边，钱锺书也顺利地通过了论文答辩，获得了文学学士学位。钱锺书告别牛津好友后，一家三口收拾行李，不日便去往巴黎，开启下一段求学旅程。

求学巴黎

学海无涯这句话，在杨绛夫妇身上体现得可谓淋漓尽致。两个对读书如饥似渴的年轻人，最大的快乐和追求就是学业上的进步。巴黎求学之行是两人一早就计划好的，如今女儿健康出生，钱锺书从牛津大学顺利毕业，夫妻二人自然要去往巴黎，奔赴下一段求学之路。

在女儿圆圆出生刚过百天时，一家三口就踏上了去巴黎的旅途。从牛津到巴黎路程奔波，杨绛他们需先由牛津乘火车去伦敦，再换车去往多佛港口乘船入法国，到了法国境内，再乘坐火车去巴黎近郊，那里已经有朋友为他们租好了公寓。

多年以后，杨绛回忆起这次带着圆圆远赴巴黎的行程，还觉得仿佛就在昨日，十分开心。在杨绛的记忆中，过了百天的圆圆已经是个胖嘟嘟的漂亮娃娃，杨绛抱着她登船坐车，收获了很多赞美。无论是英国还是法国街头，能见到这样粉雕玉琢的中国婴儿的机会都不多，乘车时就有伦敦乘客仔细端详孩子，还一语双关地夸奖圆圆"a China baby"，意思是说圆圆这个中国娃娃像个瓷娃娃一样好看。这番对孩子的夸奖，让初为人母的杨绛颇为得意。

因为抱着圆圆这个"中国娃娃"，杨绛和钱锺书在过海关和登船时也受到优待，海关人员甚至为了表示对孩子的友好，都没有打开他们的箱子检查，就直接让杨绛一家通过了。这些经历不禁让杨绛对法国人心生好感，觉得他们比英国人对母婴群体更友好。

舟车劳顿，来到位于巴黎郊区的新家后，杨绛既要适应全新的居住、读书生活，也要不断适应圆圆妈妈这个还不熟练的"新角色"。

杨绛一家在巴黎的房东叫咖淑夫人，是一位退休后以招租为生的善良人。房东每天会给房客们准备一日三餐，价格不贵且美味丰富，租客们每天一起吃饭，十分热闹。只是，法国人的餐饮习惯与中国人不同，一顿饭下来程序烦琐，菜一道道上，恨不能吃上两个小时。杨绛和钱锺书都是惜时的人，觉得这样太浪费时间，便另起炉灶，自己做饭吃。

来到巴黎后，杨绛发现这里的中国留学生很多，每次出门碰见同学或相识的人的概率很高，她和钱锺书也逐渐融入当地中国留学生的圈子，结识了很多朋友。其中，与杨绛夫妇来往最多的要数林藜光、李伟夫妇。这二人与杨绛夫妇志趣相投，生活境况也相似。李伟出身清华大学中文系，与杨绛是同学，是个毛笔字写得漂亮专业，又能诗能文的人。林藜光则在巴黎读博，专攻梵文方面的研究。巧的是，他们有个与钱瑗同年同月生的儿子，因为孩子的关系，让几人更有共同话题，碰到日常教育问题也算有好商量的人。

当时李伟听说，好多有孩子的家庭都会把孩子送去本地的托儿所照顾，建议杨绛也一起把孩子送过去，这样平时就能有更多时间学习。杨绛本有些心动，但随后又听朋友说，送到托儿所的小孩子都要定时吃喝拉撒，纪律规定很严，她和钱锺书商量，两人都觉得托儿所生活太违背孩子天性，不想让圆圆小小年纪就受这样的罪，便决定仍将孩子放在身边自己带。

值得庆幸的是，杨绛并未因为照顾孩子而耽误读书，她租住的公寓中有一位太太是做公务员的，她平日工作较为清闲，和丈夫也没有孩子，加上十分喜欢圆圆，便经常把圆圆带到自己家玩，杨绛和这位太太相处融洽，有时候碰到自己和钱锺书都有课抽不开身时，她就会找这位太太帮忙照看女儿，并给少许报酬表示感谢。这也成了她兼顾母亲和学生身份，日常解燃眉之急的对策。

起居生活和照顾孩子的问题得到良好解决，杨绛和钱锺书就有更多时间专注学业。不过此番来巴黎求学，两人和之前在牛津求学时心态已经很不一样。因为在牛津大学时，钱锺书花费很多时间才通过了论文考试，这不仅让他倍感压力，也悟出了一个道理，他认为为了学位这种东西赔掉很多时间是完全不值得的，求学并不需要浪费时间读那些应付考试的不必要功课，这反而会让自己不得已放弃很多想读的书。对于钱锺书的观点，杨绛深以为然。

所以，这次到巴黎大学学习，两人都没有将精力放在求得学位上，而是转向更多有实际意义的书本。他们为自己制定了一张特殊的"课程表"，放弃了一部分实用性不大的内容，按各自制定的课程来读书。他们除了白天上课，也会结伴去外面的咖啡馆坐坐，观察当地的风土人情，汲取生活中的营养，或逛旧书市场，淘感兴趣的书。

在巴黎的这一年，杨绛更认真地去了解独特的法国文化，重新整体地认识了欧洲，在语言和文学方面也有不少的进步。杨绛一直热爱学习语言，在巴黎大学又有天然良好的语言环境，她如鱼得水地寻找一切可以练习语言的机会，只想在有限的时间里学习更多深层次的欧洲文化。不但杨绛努力，钱锺书也不甘示弱，除了法语书，钱锺书还读德文、意大利文书，也没荒废中文、英文的学习，其阅读速度和阅读量，让杨绛都觉得惊讶。初到法国时，杨绛曾和钱锺书一起读《包法利夫人》，这本福楼拜的著作对当时的他们而言还有些吃力，甚至钱锺书不认识的生词比杨绛还多，但经过一年学习浸润，杨绛的法文水平就已经比不上钱锺书了，不如他认识的词多，这还让钱锺书有些小得意。

这对一心向学的年轻夫妻，在巴黎求学的一年中，就是这样你追我赶，互相不服输地坚持读着书，在庞大阅读量的支撑下，两人的外语水平突飞猛进，文化眼界也大为开阔。只可惜，好景不长，这样安逸静好的时光因为战争一去不复返。家国破碎，亲人离世，杨绛和钱锺书在巴黎得知国内境况，毅然决然准备回国。

第四章

心系同胞，回归故土

　　杨绛是喜欢巴黎的，这里有她热衷的外国文学，有安定平静的生活，有她圆满的小家庭。然而第二次世界大战阴云密布，祖国大地正被日本侵略者践踏，法国再美好，也不是她的祖国，没有她的家人。国难当头，祖国召唤，巴黎《救国时报》上的社论字字惊心，异国他乡的灵魂只有重返故土才能得到真正的安慰。心系同胞和家人的杨绛，毅然与钱锺书一同回国。从此以后，烽烟战火，但总有家国和亲人一起战斗。

舍安宁赴国难

　　早先还在牛津上学时，杨绛和钱锺书就已经听说日军全面侵犯祖国的消息。开始还是在家人的来信中听说，两人没想到没过多久，战火居然就已经波及自身。

　　1937 年杨绛即将分娩前，还能收到家中父母寄来的书信，信中母亲还谨慎地叮嘱杨绛夫妇，让他们在医院小心看顾孩子，可别让医院抱错，父亲还在信中打趣，让杨绛别抱个金发碧眼的孩子回来。信中字里行间都是慈爱与欢乐，如这几年杨绛收过的寻常家书一样。

　　可这封信之后，杨绛就再没收到过来自父母的信。及至之后到了巴黎，收到的也只是姐姐简单的几封信，不见父母言语。这样的反常让杨绛觉察出不对劲，但家国远隔万里，想详细了解家中境况并不容易。

　　巴黎这边，杨绛和钱锺书的日子也逐渐不好过起来。二战阴云同样笼罩法国上空，社会秩序逐渐糟糕，之前杨绛他们在英国办理户籍时，还能得到工作人员友善、正规的服务，而此时在法国，办理各种事都已经需要大排长队，而且很多要紧事迟迟得不到解决。

见到巴黎也如此局面，思家心切的杨绛和钱锺书决定回国。但当时办理各种材料和购买船票、车票已经变得十分困难，国内日渐吃紧的战事不断牵动杨绛夫妇的心，为尽快回国，钱锺书只好学别人"走后门"，在递交的材料里夹了些钱，才很快办妥了回国的手续。

杨绛曾在《我们仨》中说过：

我们为国为家，都十分焦虑。奖学金还能延期一年，我们都急要回国了。当时巴黎已受战事影响，回国的船票很难买。我们辗转由里昂大学为我们买得船票，坐三等舱回国。那是1938年的8月间。

中断学业的杨绛和钱锺书好不容易找关系买到了回国的船票，于1938年秋天，匆匆踏上回国的征程。

与赴英国读书时的心态完全不同，此次归程，杨绛和钱锺书都是充满忐忑和不安的。他们在家人的来信中已经得知了国内混乱的情况，知道了之前家人逃难的惊险遭遇，自然心绪难安。此外，杨绛和钱锺书都不知道在这种局势下，回去能不能找到合适的工作，前途未卜也让两人忧心。国家与同胞的命运在那个时候紧密相连，也关联着他们，杨绛是做好回国吃苦准备的，誓要与祖国、与家人共同进退。

杨绛和钱锺书去英国时，还是坐二等座，有良好服务和像样食物，可如今不过隔了三年，他们二人的境遇就已天翻地覆。回国的船票只能买到三等舱，船舱异常拥挤，饮食又粗鄙，杨绛没能给才断奶的女儿准备食物，导致女儿只能吃没营养的土豆泥。看着没几天就瘦了一圈的圆圆，身为人母的杨绛十分自责。

钱锺书在回国前就已经发过求职信，向他抛出橄榄枝的地方还不少，外交部、上海西童公学、《天下月刊》以及西南联合大学都有意聘请他。当时受国内战事影响，北大、清华和南开三所学校已合并为西南联合大学，校址迁往昆明。钱锺书自然更想回母校任教，所以便答应了西南联大文学院院长冯友兰的聘请，去外文系当教授，月薪三百。这在当时已算是十分高的薪水。

杨绛虽然想与钱锺书同行，但对家中父亲和兄弟姐妹们的情况她始终不放心，于是还是决定夫妻俩分开走，自己先带女儿回家看看，由钱锺书一人赴昆明。

这趟行程，钱锺书在香港上岸再转去昆明，杨绛则独自带着女儿到上海下船。船行至香港，女儿圆圆见爸爸独自离开，大概十分不解，不懂为什么一直在身边的爸爸不跟自己和妈妈一起走，但望着丈夫背影的杨绛却相信，眼前的分别只是暂时的，他们一家人总还会团聚。

独自带女儿来到上海的杨绛近乡情更怯，不敢相信魂牵梦萦了几年的家就在眼前。此时的上海已经是一座孤岛，钱锺书一家逃到上海，一起住进他叔叔高价租来的拉斐德路三层弄堂房里。钱家人初见钱瑗很是欢喜，一家人都亲切地逗弄小孩。如今居住环境虽不如以前，但一家人挤在一起，也算其乐融融。

虽然是先到钱家落脚，杨绛却不想更多耽搁，第二天一大早她就急切地带着女儿去探望父亲杨荫杭。自从女儿出生前收到的那封信之后，杨绛就只收到过三姐寥寥几封信，再没见过母亲的留言，直到最近百般询问才从三姐的信中得知，母亲在逃避日寇时不幸在乡间患上疟疾，已在 1937 年 11 月 17 日重病去世了。经历如此大伤心事的杨绛，只想尽快去到父亲身边宽慰父亲，问问他母亲去世前的详情。

痛失慈母

时隔三年，终于回到日夜惦念的父亲身边，杨绛顿时觉得岁月沧桑，父亲老矣。杨荫杭已不同过去做律师时精神矍铄，前几年的轻微中风和近来战火纷飞、痛失爱妻，让这位杨绛记忆中总是淡定从容的父亲变得形容枯槁、精神萎靡。原来，自从妻子唐须嫈去世后，杨荫杭整夜失眠，唯有靠安眠药才能入睡，加上时局不稳，他们原来在苏州的家早已被毁，一家人逃难到上海，躲进公共租界才得以安生。

杨绛回国来到父亲身边，无疑是杨荫杭苦难岁月中的一剂强心剂，让他喜悦之情溢于言表。在那样兵荒马乱的年代，一家人能团聚就比什么事都值得高兴。只可惜，慈母已逝，不过短短三年，就已经是天人永隔，杨绛再难见母亲音容。

在杨绛的记忆中，与母亲见的最后一面居然还是与钱锺书结婚后不久。那时钱锺书要去南京接受留学培训，自己因婚礼劳累生病，身上疹子尚未完全康复，由钱家小姑子陪着回娘家小住。母亲见她出疹严重，十分心疼，坚持要寻名医为她看病，可出国在即，病未痊愈就需动身赴英。临别前，母亲依依不舍地给她整理了好些冬衣，还特意准备了两小筐水蜜桃，让她回去分给钱家长辈们。杨绛未曾料到，这出国前匆匆一别，竟然是她与母亲此生见到的最后一面。

1937年日军第一次空袭苏州。当时杨绛的弟弟在维也纳留学，七妹在上海居住，苏州家中只有父亲、母亲和大姐、八妹四人。眼见敌机不断在房屋上空盘旋，一家人惊慌失措，奔逃躲避于前后院之中，甚至紧张到食不下咽，一直腹泻。

杨荫杭知道这样躲避不是办法，第二天就带着妻子和两个女儿，以及两个妹妹逃难到苏州郊外的香山上，暂时借住在杨荫杭以前帮助过的一位委托人家中。

就在这年秋天，唐须嫈患上了恶性疟疾，这种病比一般疟疾要凶得多，若是和平年代，找个好点的医生，或许有治愈的可能，但当时战火纷飞，又到哪里去找医生呢？高烧不退的唐须嫈病得奄奄一息，又无法外逃，最终在苏州沦陷的前一天溘然长逝。

在唐须嫈生命弥留之际，香山已是一片狼藉，几乎要被攻破。唐须嫈的身体已经完全不能奔波，她便劝说杨荫杭带着家人先走，不要顾忌她。杨荫杭怎么可能将妻子留在即将沦陷的危险之地？两个女儿也宁死不从，誓要一家人共同进退。可惜，纵然亲人不想放弃唐须嫈，疟疾还是没能放过她，到死都惦念丈夫和孩子的唐须嫈还是去了。死后甚至没能埋进杨家的墓地，只能在兵荒马乱中用一口薄棺，安葬在临时坟地。

杨绛很爱母亲，也佩服、尊敬和心疼母亲。在她的记忆中，少年时母亲每晚都要辛苦记账，家中大小事情的"糊涂账"很是劳神，有时父亲见母亲太苦恼，还会夺过账本让她休息，杨绛料理家中财务的本事，大约就是遗传自母亲。唐须嫈一生生育八个子女，杨绛排在中间，下面还有弟弟，便偶尔觉得母亲不够爱她，但长大之后也身为人母，她才逐渐懂得母亲一个人带几个孩子，照顾一大家子，把一切打理得井井有条是多么不容易。养儿方知父母恩，在有了女儿圆圆之后，杨绛才更懂过去母亲对自己的关心与照顾，理解母亲质朴的爱。可惜，她还没来得及报答母亲，就永远失去了母亲，甚至连母亲病故的消息都是很久后才得知的。未能见到母亲最后一面，这不得不说是杨绛心中的一大憾事。

斯人已逝，活着的人还需向前看，父女二人都需要从失去至亲的哀伤阴霾中逐渐走出来。杨绛看出父亲特别喜欢圆圆，跟孩子在一起时才展露笑容，能暂时忘记母亲离世的悲伤，于是便想让圆圆多陪他住一住。只是当时杨荫杭住在三女儿家中，杨绛毕竟是出嫁的女儿，不方便时常在三姐家中叨扰，杨荫杭为多亲近外孙女，便从三女儿家的宽敞洋房搬到霞飞路来德坊，好让杨绛带着圆圆方便时常来居住探望。

随着战争吃紧，时局日益焦灼，不少杨家昔日的熟人、朋友做了汉奸，杨荫杭和杨绛对这些人的行为很是不齿，便逐渐减少了与他们的往来。虽暂时蜗居上海租界，得到片刻安宁，但杨绛知道父亲对给母亲迁坟的事总是耿耿于怀，杨绛自己也希望能尽快安置好母亲的坟，以尽孝道。

直到 1940 年秋杪，杨绛的弟弟保俶从维也纳留学归来，一家人终于都在国内团圆，杨绛才有机会陪父亲和兄弟姐妹们返回香山给母亲迁坟到苏州。母亲唐须嫈最终安葬于灵岩山秀谷公墓，杨绛的心才算安定下来，不再时时为母亲去世的事哀痛伤怀。

安葬母亲时，杨绛有机会和家人一起回到苏州老宅看看。战火已将昔日精心布置的院落糟蹋得面目全非，杨绛见过家园繁盛的样貌，如今又见家园败落、国家破碎，心中难免有沧海桑田之慨，此后更是将身外之物看得极为淡薄，逐渐生出更坚韧的心性。

任职振华女校分校校长

母亲病逝、家园被毁这样的苦难遭遇，不过是中国战乱时代的一个小小切片。日军在华犯下的罪行罄竹难书，无数城市被毁，学校被关，杨绛的母校振华女校也未能幸免。

杨绛回到上海没多久，昔日振华女校的校长王季玉就登门来找杨绛，希望她能出任振华女校上海分校的校长。

因为日本侵华战争全面爆发，振华女校在苏州的校园将被日本人接管，王季玉校长是个爱国且有骨气的人，誓死不肯在日本人手下谋事，也坚决不愿让辛苦创办的振华女校沦落到日本人手中。无奈之下，王季玉校长将苏州的振华女校停办，看中了当时未被日军侵占的上海租界，决定在租界开设振华女校上海分校。但因王季玉在教育界享有盛誉，树大招风，且如今正是战争非常时期，她害怕自己刚拒绝了日本人，此时过多抛头露面会引来诸多麻烦，所以就想另请一位校长。恰好此时杨绛回国，由昔日教出来的优秀学生担任分校校长一职最好不过，王季玉便毫不迟疑地登门来找杨绛。

多年未见，师生重逢，杨绛发现昔日恩师已是两鬓斑白，风采不比当年。但还没来得及问候寒暄，王季玉就开门见山地说：

"我有事求你。"直截了当地跟杨绛说想在上海开设振华女校分校，希望杨绛出任校长，且怕杨绛谦虚推辞，已将此事托孟宪承先生到教育局立案。

杨绛本不想答应，她虽想帮昔日恩师，却未料到王季玉校长找她居然一下子将校长这样的重任交给她，让她一时犹豫，恐自己难当此任。父亲从小就教育杨绛不要做官，她也认为自己不是做行政管理工作的人才，如今让她做振华女校的校长，难免有"狗耕田，牛守夜"之嫌，这让她不免有些抗拒。但王季玉校长已先到教育局备案，相当于是"黄袍加身"逼她上校长的位置。一边觉得压迫感强，一边又有些苦恼的杨绛只好去询问父亲该当如何。

杨荫杭过去曾做过振华女校的校董，与王季玉共事颇多，还算比较了解她的人品，认为她是个能做实事的人，也十分欣赏她在如此家国沦陷、战火纷飞的时刻还坚持做教育事业。于是，杨荫杭劝杨绛说："此事做得。"

对于杨绛出任振华女校校长一事，公公钱基博是反对的，他思想老派，认为女子该在家做家庭主妇、相夫教子，就算做到再高的职位，也没什么用处。对于钱家的观点，杨荫杭大为不满，念叨着："钱家倒很奢侈，我花这么多心血培养的女儿就给你们钱家当不要工钱的老妈子！"

杨绛自然不是旧时那种闺阁女子，愿意困于家庭之中，她有文学理想，有家国情怀，能与钱锺书远赴海外留学，自然也源于自己的自由意志和决断气魄。她没有被钱老先生的意见吓退，还是坚持出任振华女校的校长，开始勤勤恳恳地工作。

振华女校在上海新建校，千头万绪都需杨绛这个新任校长操持。建校不易，首先要解决的就是校舍问题。当时振华女校没有校舍，学生只能暂时在赫德路振粹小学的校舍借读，两所学校分上下午合用校舍，各自上半天课，而杨绛则终日奔波找合适的校舍，甚至都没有工资可拿。

虽然条件艰苦、任务繁重，但杨绛却在这一过程中飞速成长着。王季玉校长教她如何组建学校领导班子，如何做好财务预算，如何制定老师们的薪水，还帮杨绛找了可靠的会计做帮手，她见杨绛将这些工作事项一件件记在本子上，再一件件做完才放心。杨绛学得认真，王季玉也倾囊相授。

王季玉校长对杨绛的帮扶和教导影响了杨绛的一生，她始终记得王季玉校长凡事实事求是的态度，记得她省吃俭用存教学经费的无私。杨绛后来曾说先生居无求安、食无求饱，先人之忧、后人之乐，对她的影响非常大。

教导杨绛一段时间后，王季玉校长便要离开上海。杨绛见老师要走，十分不安，担心自己不能胜任眼下的工作，王季玉便安慰她说："我在这里，你什么都不会；我走了，你不会也会了。"

后来，杨绛果然没让王季玉失望，自王季玉走后，杨绛在学校行政管理方面摸爬滚打，居然也将振华女校上海分校办得有声有色，吸引了一大批因避难来上海想要复学的学生。

振华女校新建，师资紧缺，杨绛为支撑起学校，到处寻找优秀师资，父亲杨荫杭为她推荐了来自圣约翰大学的屈伯刚做国语教研员，远在昆明的钱锺书也写信为她推荐了两位英文教

106

员，同时杨绛自己教授学校高三的英语课，教师也算勉强够用。

　　然而，虽做了校长，杨绛在振华女校的薪水却并不高，战乱一起，一家人经济陷入紧张，杨绛为贴补家用，便在担任振华女校校长之余又做了一份给李姓富商家的千金当家庭教师的兼职，负责补习高中文化课。这份兼职一直持续到 1941 年 7 月，李家小姐高中毕业才作罢。

　　杨绛这个振华女校校长的职位，原本承诺王季玉只做半年，到了半年她便立即请辞，可王季玉没能找到合适的人接替，只能好说歹说劝杨绛再干半年。待任满一年后，经历一番波折，杨绛才勉强找到接替之人，卸了校长一职。

　　这段出任振华女校校长的经历，哪怕算上学校筹办时间也不过两年，却让杨绛增长了不少人生智慧和经验，也让她进一步融入社会，见识了战乱之下，社会动荡，想办成学校，甚至要给瘪三、流氓头这些人送节赏，求平安。这对杨绛内心造成不小的震撼。后来，直到"珍珠港事变"之后，振华上海分校才停办，也算坚持良久。而要说受益，这段宝贵经验丰富了杨绛小说创作的素材和思路，她后来还以王季玉校长为原型，将此经历融入短篇小说《事业》的创作之中。

　　任职振华女校校长，让杨绛忙得焦头烂额，甚至连陪伴女儿的时间都少之又少，与远在西南联合大学外文系教书的钱锺书也只能再靠鱼雁传书，以解相思之苦。但好在 1939 年暑假，钱锺书返回上海探亲，夫妻二人得以重聚，只是此番重逢，钱锺书何去何从的问题又困扰着他们。

只有死别，不再生离

1939 年 7 月，钱锺书要从昆明回上海度暑假，当时钱家拉斐德路的房子已是"人满为患"。时局紧张，钱家人共同居住在这一所公寓中，钱锺书回来过暑假，家中却并没有空房间可安置他。

杨荫杭见女儿杨绛和女婿钱锺书有难处，便提出将自己的房间让给他们，自己搬去与两个女儿同住，回来后钱锺书住霞飞路来德坊，才算是安顿下来。

小别胜新婚，杨绛与钱锺书重逢自然有说不完的话，两人短暂重逢，终于得空聊女儿、聊读书、聊这一年各自的情况。

但一日钱锺书回来却跟杨绛商量起一件让他犯愁的事，原来是钱锺书父亲来信，让他去湖南蓝田的国立师范学院做英文系主任。

学院位于湖南安化县蓝田镇（今湖南娄底境内）。当时钱基博应老友廖世承邀请去湖南帮忙创建国立师范学院，钱父在得知钱锺书返沪探亲后，就多次发电报催钱锺书去蓝田工作，说自己年事已高，身体多病，希望儿子能来照料自己，同时做国立师范学院的英文系主任，这样一举两得。

以往钱锺书做什么，杨绛多是支持的，但此次去当蓝田国立师范学院英文系主任这件事，杨绛却没有同意。她认为钱锺书受清华大学聘请，在西南联大任教的工作来之不易又薪酬较高，是个不错的工作，且此时钱锺书入职尚未满一年，于情于理都不应该换工作。

他们夫妻二人过去也有争吵的时候，但大多是因为一些读书讲文的小事，输赢不涉及原则，杨绛也无意跟丈夫争输赢。但此次事关钱锺书的工作事业，算是大事，杨绛觉得应该争个对错。

杨绛将自己的想法告诉父亲杨荫杭，没想到向来支持自己的父亲，此次却是一脸严肃，只用沉默回答杨绛。面对父亲的沉默，杨绛悟出，一个人的工作属于人生大事，外人不应该干预，也不应该劝说钱锺书去反抗父亲。又想起自己和丈夫曾约定互相尊重对方的意见，便决定不再干涉钱锺书，让他自己做选择。

没了杨绛的反对，钱锺书一家又都极力赞成钱锺书去做这个英文系主任，钱锺书虽不情不愿，但仍决定听从父亲的安排，辞去在清华大学任教的工作。

当年九月中旬，钱锺书给清华大学外语系主任叶公超写了辞职信，但迟迟未有答复。到十月初，钱锺书就踏上了去"蓝田师院"的路，与新同事结伴前去赴任。

没想到钱锺书前脚才走，后面就接二连三发生阴差阳错的事。钱锺书离开后，杨绛接到清华大学梅贻琦校长的电报，问为什么钱锺书未回复之前的电报，可实际上二人并未收到梅校长的电报。

原来钱锺书"辞职别就"只写一封信跟叶公超说明的事，让叶先生十分生气，乃至后来见到袁同礼，还阴阳怪气地问他："钱锺书这么个骄傲的人，肯在你手下做事啊？"在外人询问叶公超如何看待钱锺书时，他还曾说不记得有这么个人，后又承认钱锺书是他的学生。由此可见，叶公超对钱锺书简单"通知"自己，就跳槽去蓝田国立师范学院当系主任是十分介意的，认为钱锺书是不屑于在自己手下工作。

实际上，对于此番跳槽，钱锺书也是极为抱愧的。清华大学重视他，破格任用，他任职不满一年就辞职跳槽，实属过分。但奈何造化弄人，梅校长的电报晚到一天，钱锺书前脚刚走，后面电报才到，如此错过，也是一种命运的安排。

此番钱锺书去蓝田工作，和父亲之间是有约定的，两人约定好一年期满就返回上海。谁知一年后钱父变卦不想回去，钱锺书只好和徐燕谋结伴返沪，谁料两人走到半路道路不通，只能再退回蓝田。

关于钱锺书离开西南联大的前因后果，杨绛曾写过一篇《钱锺书离开西南联大的实情》为丈夫澄清说明，文中可见当时钱锺书确实有一些"难言之隐"和"阴差阳错"的原因。

1941年暑假，钱锺书终于回到上海。一年前杨绛还能勉强在外面租到房子，但此时局势更加恶化，已经无论如何都租不到一间能供他们一家三口居住的小房子了，无奈之下，他们就只好挤在拉斐德路钱家一楼的客堂里。

这次回来，钱锺书原本只打算待一个暑假。他莫名其妙辞去清华大学的职务，让很多故交都觉得可惜。清华大学向来惜才，很多清华大学的同事都向校长梅贻琦建议可重新聘任钱锺书，梅校长也是同意的。但各种原因，外文系主任陈福田等人并不待见钱锺书。

清华大学一般会在上学年第二学期下发聘书，通常会在七月前由系主任或委托人送到受聘者手里。一心想回清华大学任教的钱锺书在家中焦急等待聘书，却迟迟未等到，外文系主任陈福田早在六月就去夏威夷度假，对清华大学方面也只是说会去上海钱锺书家中亲自处理这件事。可直到十月，西南联大已开学三周，钱锺书才等到陈福田来访。钱锺书认为陈福田并不想让自己回去，而自己也不想做不受欢迎的人，于是就委婉地辞掉了这份工作。

如此一来，钱锺书虽然失业，却得以和一家人在上海团聚，也有了更多时间陪伴杨绛和女儿圆圆。

这时的圆圆三四岁，已经能够独立看书，杨绛给她买过三册《苦儿流浪记》，她小小年纪就已经能与书中主角共情，一边读书，一边掉眼泪。但小孩子到底是谁陪在身边就和谁亲近，能与书中人物共情的圆圆却和钱锺书不太亲近。主要是回国时圆圆还很小，钱锺书外出几年，暑假回来面黑发长，还穿着土里土气的长衫，和女儿以前见过的样子很不一样，圆圆不认识他了。

回家的钱锺书将行李放在杨绛床头，圆圆便不客气地说："这是我的妈妈，你的妈妈在那边。"钱锺书被女儿驱赶，生出逗弄之心，便问她："我倒问问你，是我先认识你妈妈，还是你先认识？"圆圆却有自己的逻辑，认真地回答："自然我先认识，我一生出来就认识，你是长大了认识的。"这段童言童语逗得杨绛捧腹，也因为女儿神奇的逻辑，让杨绛对这件父女对话的小事印象深刻。

从 1938 年秋天从巴黎回国，到 1941 年秋，分分合合近三年，杨绛、钱锺书和女儿圆圆，终于又在上海团聚。钱锺书看着妻女相伴的幸福生活，认真对杨绛发愿说："从今以后，咱们只有死别，不再生离。"

父亲去世

　　1942年，辞去振华女校校长一职，也不再给富家千金当家庭教师的杨绛找到了一份在工部局半日小学代课的工作。有以往做老师、做校长的历练，这份工作对杨绛而言不但轻松，而且空闲时间充裕，薪酬也颇高，让杨绛很是满意。她因这份好工作，有了更多时间陪女儿圆圆和照顾钱锺书。

　　虽然不是师范专业出身，但杨绛勤学好问，教学中遇到问题不但积极向同事请教，还会根据孩子们的特点，自己琢磨教育方法。小学的孩子特别调皮，课堂上吵吵闹闹比较多，很多老师都对这些"皮猴子"束手无策，但杨绛三堂课就能记住全班学生的名字，遇到调皮捣蛋的学生就点名批评，从无差错，也会根据孩子们的脾性进行教学指导，学生都乐于和杨绛做朋友。

　　不但"镇得住"学生，杨绛做小学教员期间，和同事们相处也十分融洽。她怕国外留学的经历让自己不好融入，所以入职时的履历表上只填了东吴大学的学历。后来，还是因为有同事认识钱锺书，才打听出杨绛的履历，知道她又是留学生又做过校长，居然还没有一点架子，和同事们打成一片，大家便更想亲近她。

可另一边，钱锺书的工作却不太顺利。上海工作难找，他很长一段时间处于失业状态，后来还是杨荫杭不忍心看女婿一直失业，将自己的工作让给了钱锺书。当时杨荫杭正在震旦女子文理学院上诗经课，校长是爱才之人，欣赏钱锺书的才华，还给他加了一些课。可靠区区几节课时费，在当时是难以支撑家庭开销的，无奈之下，钱锺书还要兼职给几位富家子弟当家庭教师。

在 1943 到 1945 年这段时间，上海的局势已经一天比一天混乱，"珍珠港事变"后，日军进驻上海租界，到处都是设卡和检查的日本兵，就连寻常电车过黄浦江大桥，都要让乘客下车步行接受检查。当时，中国老百姓见到日本人还要鞠躬，杨绛是从来不愿鞠躬的，每次都混在队伍里低头走过去，幸运的是从来没被发现过。

虽然杨绛并不是个十分关心政治的人，但国仇家恨在眼前，她是坚定的国家捍卫者，不服输的爱国者，不愿向作恶的侵略者低一点点头。这样的家国情怀和正义气魄大概也是遗传自父亲杨荫杭，杨荫杭一生从事律师工作，虽也不愿意掺和政治，但主张正义、端正清明这点，两父女却如出一辙。

自上海沦陷后，钱、杨两家的住处都变得越发狭窄，战乱年代物资紧缺，即使像钱、杨这样有些家底的家庭，日子也都过得艰难。艰苦岁月下，杨绛一家住在一起，还能每日回杨绛父亲那探望，相比过去在苏州老家的大宅院，居然更亲近几分，连杨荫杭都高兴地感叹："现在反倒挤到一处了。"

仗要打，日子也要过，生活不会因为战乱停止，人只要活着，就还是要向前看。杨绛相信这样的战乱不会一直持续下去，一家人总能等到像原来那样安居乐业的生活，只是没想到父亲杨荫杭却没有看到胜利的到来。抗日战争胜利前夕，杨荫杭于苏州中风去世，杨绛心中大悲，至此她没有了母亲，又失去了父亲。

1945年春天，上海有遭遇地毯式轰炸的危险，杨荫杭为避祸，准备带杨绛的大姐和三姐回苏州小住。回苏州前，杨荫杭跟杨绛交代了很多家中琐事，让杨绛觉得父亲好像此番回苏州就不会再回来似的。没想到，此次一别，竟真的是自己和父亲今生最后一次相见。

1945年3月27日，杨荫杭在苏州家中脑溢血去世。杨绛夫妇和杨家姐弟们在3月30日将杨荫杭安葬在苏州灵岩山秀谷公墓，挨着唐须嫈的墓。

父亲去世时，杨绛远在上海，没能见到父亲最后一面，回忆起和姐妹弟弟们一起回苏州奔丧的情形，杨绛曾这样说："父亲去世后，我末一次到苏州旧宅。大厅上全堂红木家具都已不知去向。空荡荡的大厅上，停着我父亲的棺材。前面搭着个白布幔，挂着父亲的遗容，幔前有一张小破桌子。我像往常那样到厨下去泡一碗酽酽的盖碗茶，放在桌上，自己坐在门槛上傻哭，我们姐妹弟弟一个个凄凄惶惶地跑来，都只有门槛可坐。"

看着苏州旧宅空荡的大厅和凄伤的白布幔，杨绛也许会想起一文厅装修重建的日子，想起自己和弟弟帮父亲捉虫换酬劳的日子，想起父亲和母亲曾经在这老宅大厅中背灯和月话家常的日子。然而，此时旧宅破败，父亲离世，物是人非，也不过须臾几十年。

　　杨荫杭去世几个月后，1945 年 8 月 15 日，抗日战争胜利，日本宣布无条件投降。可父亲杨荫杭却感受不到这样胜利的喜悦。父亲去世时战争局势混乱，连棺椁和葬礼都没能好好置办，但受环境所限，杨绛也只好将悔恨埋在心底，如今，在举国乐极的不眠夜里，她又悄悄思念那个教她为人处世，伴她长大的父亲。

第五章

最贤的妻，最才的女

　　从 1938 年心系故土，毅然回国，到 1945 年抗战胜利，举家欢庆，杨绛饱受战乱之苦，亲人离世，亦让她喟叹人生无常。无论是做振华女校校长，还是操持家中事务，杨绛的心情都是沉重的，从生活的酸甜苦辣里，她逐渐汲取世间百味，融合进小说戏剧创作中。在人生的烽烟疾驰中，她逐渐从杨季康成长为杨绛，屡屡写出佳作，用才气征服世人。同时，她也甘愿做"灶下婢"，帮助钱锺书全力创作《围城》，成就 20 世纪 40 年代文坛佳话。她是最贤的妻，最才的女，是世界上独一无二的杨绛。

《称心如意》一炮而红

　　日寇控制上海后，人们生活日益艰难，整个社会被残酷战争的阴霾笼罩，顽强活着的人民群众亟须精神上的慰藉，戏剧、话剧这些文艺作品就成为人们焦灼生活中的良药，备受追捧。

　　当时文化界将抗日救亡运动工作的重心放在话剧创作上，上海的专业剧团如春笋萌芽，在 1942 年已有 20 多个专业剧团，一年演出的剧目有 89 个，发展到 1943 年，已经有几十家剧团，演员也多达 200 多人。蓬勃的戏剧创作行业需要更多优秀的剧本，这样的时代恰好给了杨绛创作的舞台。她一直热爱小说戏剧的创作，从 1942 年在工部局做半日小学代课老师起，就开始业余写剧本，算是一项自娱和练习。

　　那时杨绛和钱锺书身边的朋友也有很多戏剧创作者，杨绛经常邀他们来家中做客吃饭，一群朋友谈论创作，也算是给沦陷区的苦涩生活增添了一分甜蜜。

　　这些朋友当中不乏戏剧创作高手。钱锺书在清华大学的师兄陈麟瑞后来在美、英、法留学时主攻戏剧，有四幕戏剧《职业妇女》等代表作，悲剧《晚宴》、喜剧《雁来红》等也都曾经他手改编上演。另外，李健吾、黄佐临等人，在戏剧创作方面都很有建树，且十分欣赏杨绛，经常来他们家中谈论戏剧。

1942 年冬天，陈麟瑞因改编的《晚宴》上演并大获成功，邀请杨绛夫妇、李健吾等人一起吃烤羊肉。席间陈麟瑞说道："我们这种吃法具有民族特色，蒙古人就是这样吃的。"这句话勾起了杨绛的联想，她顺口回道："我看过《云彩霞》里的蒙古王子和《晚宴》里的蒙古王爷的故事……"随后便声情并茂地给大家讲这两个故事。陈麟瑞听了杨绛的讲述，真诚地建议她写一个剧本。

杨绛闻言有些犹豫，表示自己并没有戏剧经验，恐怕不行。但陈麟瑞等人都鼓励杨绛创作，并说会帮忙修改指导，杨绛这才大胆地开始了戏剧剧本的创作。

杨绛将创作初稿拿给陈麟瑞看，对方很认真地看完后说："你这个剧本，做独幕剧太长，做多幕喜剧呢又太短，内容不足，得改写。"

杨绛从来不是轻言放弃的人，回去立刻仔细改写了剧本，直到最终写成了四幕喜剧。结合剧本故事内容和自己第一次写戏剧的心情，杨绛给这部喜剧取名《称心如意》。

杨绛的这部《称心如意》在当时很具有时代意义，故事就发生在 20 世纪 30 年代的上海，整个故事由主角李君玉失去双亲不得不投靠亲戚开始展开，写一连串上流人士的下流品行，写李君玉不受亲戚欢迎，处处受到排挤、利用的经历，借小人物的命运揭示当时大上海绚丽浮华后的真实世界。结尾处，主角李君玉机缘巧合下得到郎斋舅公的偏爱，并被其认作孙女，才有了一个称心如意的美满结局。整个故事用喜剧片段和结尾撑起一个实际上悲剧人物的内核，是笑中有泪，辛酸与幽默穿插交织的好剧，四幕喜剧内容浑然天成，让人观之入戏。

修改完剧本的杨绛将稿子再交给陈麟瑞看，这回陈麟瑞赞许有加，觉得剧本可以了，便又将本子递到李健吾那里。

李健吾看了杨绛的《称心如意》，也十分满意，决定立刻排演。导演由黄佐临担任，李健吾参演剧中角色朗斋，一切紧锣密鼓地开动起来。

杨绛没料到一切会如此顺利，就像一棵树努力生长，终于有了开花结果的一天，而更让她激动的事情还在后面。1943年春，《称心如意》正式公演，一时之间反响热烈，演出大获成功。这是杨绛的作品第一次被搬上舞台，杨绛的名字一炮而红，一夜之间她成为上海炙手可热的剧坛新秀。

当时很多戏剧创作者都喜欢创作悲剧，因为悲剧更能触动观众、赚人眼泪，也更容易激起现场观众的反应，但杨绛的《称心如意》却是典型的喜剧，在当时一片悲戚戏剧中营造出欢乐的新天地。

多年以后，杨绛曾在《喜剧二种》的《重版后记》中写道：

如果说，沦陷在日寇铁蹄下的老百姓，不妥协、不屈服就算反抗，不愁苦、不丧气就算顽强，那么，这两个喜剧（另一个喜剧指《弄真成假》）里的几声笑，也算表示我们在漫漫长夜的黑暗里始终没丧失信心，在艰苦的生活里始终保持着乐观的精神。

杨绛的喜剧创作，在当时可看作在为喜剧争一口气，为上海剧坛争一口气，也为战争苦难中的中国人民争一口气。从此以后，上海剧坛多了一位叫杨绛的优秀剧作家，杨绛的剧本创作生涯正式开始。

"杨绛"之名的由来

我们知道，杨绛的本名叫杨季康，而并非我们所熟知的"杨绛"。事实上，杨绛启用"杨绛"这个笔名，就是从创作戏剧《称心如意》开始的。

在创作《称心如意》前，杨绛在小学代课之余已经开始业余写一些剧本，当时用的名字都是"季康"。在《称心如意》正式公演之前，需要给剧做一些宣传，宣传片上要印上作者的名字。李健吾便找到杨季康，让她给自己取一个笔名用于宣传。以前经常有人将杨季康的名字"季康"两字连读在一起，读成"绛"，想到自己本名切音为"绛"，杨季康灵机一动，便决定使用"杨绛"这个笔名。当时她或许也没想到，自此开始，"杨绛"这个笔名竟然会跟随她一生，到后来反而比杨季康这个名字更为大众所熟识，后来广大读者和戏剧观众称呼她不常唤"季康"，而是亲切地唤她"杨绛先生"，杨季康这个名字变成只有家人称呼的亲密呼唤。

待到《称心如意》宣传和上演时，剧团海报将"杨绛"的名字标得很醒目，宣传上做足了功夫，连杨绛的恩师王季玉校长也看到了。王季玉为支持杨绛，特意跟她要了两张票，带着侄女一起去看演出，看完演出后大为惊叹，觉得内容扎实，十分精彩，还特意问杨绛戏剧创作过程中有没有公公钱基博的帮忙，杨绛对此疑问不禁苦笑答复，表示这是她自己创作的作品，怎么会和钱锺书的父亲有关？

其实，不怪王季玉的询问，相比于钱锺书和其父亲钱基博声名在外，被公认为是有大才华的人，杨绛确实沉寂得多，在《称心如意》上演之前，并没有什么显著的成绩。除了王季玉，也不乏有人以为剧本是钱锺书创作的，前来道贺。就连杨绛的父亲杨荫杭在看过《称心如意》和她后来创作的《弄真成假》后，也曾笑着问过她："有没有钱锺书帮忙？""全是你编的？"

可见，在钱锺书光芒的照射下，杨绛是被世人低估了的戏剧创作天才，她在戏剧创作上的天赋和实力，丝毫不逊于丈夫钱锺书。

其实，《称心如意》的一炮而红让杨绛自己也感到巨大的兴奋和意外。但这次的成功并不是偶然，而是她过去博闻广识、细微观察所积累而成的必然。杨绛从小一直都爱读书，累积了深厚的文学素养，她留学、做校长、教学生等生活经验，又成为她戏剧创作的源泉。在当时的背景下，杨绛经历了中西方文化碰撞的洗礼，理解人民想看什么，也知道自己想创作什么样的作品。《称心如意》的成功是时代的需要，也是杨绛文学底蕴和剧本驾驭能力结合下，水到渠成的产物。

这部杨绛的戏剧处女作，收获了很多专业人士的好评。其中复旦大学教授赵景深就在《文坛忆旧》一书中点评道："她那第一个剧本《称心如意》在金都大戏院上演，李健吾也上台演老翁，林彬演小孤女，我曾去看过，觉得此剧刻画世故人情入微，非女性写不出，而又写得那样细腻周至，不禁大为称赞。"

非女性写不出，细腻周至，大约是杨绛作品中最独特的风格，杨绛很多作品都如其人，给人以温润细腻、人淡如菊的从容和坚韧，其风格自成一派。

《称心如意》一举成名，"杨绛"之名闻名于世，这些都是她在动笔之前没有想到的。实际上，杨绛最开始写剧本也是出于生活考量，想要通过剧本创作获得更多收益。然而，毕竟万事开头难，这部处女作的酬劳，只够杨绛和朋友们下馆子吃一顿熏肉熏鸡，还不足以改善家中窘困境况。而且当时因为日本人接管了工部局半日小学，杨绛不想听日本人的安排，也已经辞去了半日小学的职务，正迫切需要新的工作来维持生计。

由此开始，杨绛借势而发，继而开始创作更多剧本，在剧坛中的声望和地位也日渐稳固。

《弄真成假》与《游戏人间》

因为《称心如意》的成功，杨绛大受鼓舞，文思泉涌的她紧接着又创作了《弄真成假》《游戏人间》《风絮》等作品。其中，《弄真成假》成为她喜剧的又一代表作，在后来又成为中国戏剧界的经典作品，被无数后来者津津乐道。

对杨绛这部《弄真成假》，李健吾曾经这样评价："假如中国有喜剧，真的风俗喜剧，从现代生活提炼的地道喜剧，我不想夸张地说，但我坚持地说，在现代中国的文学里面，《弄真成假》将是第二道里程碑。

"有人一定嫌我过甚其词，我们不妨过些年头来看，是否我的偏见具有正确的预感。第一道里程碑属诸丁西林，人所共知；第二道我将欢欢喜喜地指出，乃是《弄真成假》的作者杨绛女士。"

《弄真成假》是杨绛 1943 年 10 月完成的作品，由上海同茂剧团排演，1944 年一上演，就获得了比《称心如意》更热烈的反响。

在当时的战乱背景下，社会浮华，人心浮躁，面对瞬息万变的时代，很多人都幻想用捷径摆脱穷困的生活处境，可是天意弄人，弄巧成拙，无论如何算计，也还是得到了应有的结果。《弄真成假》就讲述了这样一个弄巧成拙，人算不如天算的故事。

故事的男主人公周大璋仪表堂堂，却出身贫寒，只能与寡母寄居在杂货铺的小阁楼里，而且就连这样的陋居也不属于他，杂货铺是妹妹婆家开的。周大璋是保险公司职员，但他的心思却并不在工作上，整日吊儿郎当，只想一步登天。于是，想不劳而获的周大璋抛弃了原来的情人张燕华，去讨好地产商张祥甫的女儿张婉如，希望借此获得巨额嫁妆，晋身上流社会。而张燕华是张祥甫的亲侄女，可她在叔父家的地位却如同女佣一样不受待见，她也在为自己的处境谋划，幻想能嫁给自诩为"诗礼世家"的周大璋来改变命运。她谎称有大笔财产，千方百计从张婉如手里抢回了周大璋。结果，在得到周大璋如愿离开张祥甫家后，张燕华却美梦成空，住进了周大璋家寄居的阁楼里。周大璋和张燕华"弄真成假"，没有人梦想成真，谎言被揭穿后是人生依旧残酷的现实。

这部剧与《称心如意》同为喜剧但又另有不同，杨绛在剧中运用的语言适度，并不夸张，整体基调温和客观，更多是从人物的言谈举止、心理独白、表情肖像的刻画上展现喜剧性。她注重刻画主角二人对话的幽默性，通过人物对话灵巧地揭露当时社会中弥漫的拜金主义思想，讽刺主角可悲命运其实是咎由自取，整个剧本语言风格与钱锺书的《围城》有相似的观感，淡定幽默。

因为反响空前，各大报纸都争相报道《弄真成假》的演出盛况，就连当时剧团中的演员都为能出演这部作品而感到骄傲，联名写信感谢杨绛创作出如此优秀的作品。

《弄真成假》的大热也影响了后来一段时间上海戏剧界的发展方向，各剧团不再热衷于改写国外的出名戏剧作品，而是将目光转向国内，积极开拓国内新戏剧。

这部戏剧的影响一直持续到 21 世纪。2007 年时，杨绛先生已 96 岁高龄，上海又重排了这部 20 世纪 40 年代的喜剧，为感谢该剧重新上演，杨绛还特别写了《"杨绛"和"杨季康"——祝贺上海纪念话剧百年》一文，并在文章中感叹："想不到戏剧界还没忘掉当年上海的杨绛。……我惊且喜，感激又惭愧，觉得无限荣幸，一瓣心香祝演出成功。"

由当年的反响空前，到现在的历久弥新，可以看出《弄真成假》这部作品在戏剧界的地位和它深远的影响力。

值得欣慰的是，虽然杨绛的父亲在抗战胜利前夕去世，没有看到战争胜利的曙光，但他在世时有机会看到女儿两部作品上演。

1944 年《弄真成假》上演时，《称心如意》已出版，杨荫杭赶上了女儿在戏剧界斩获盛名的时刻，心中为杨绛骄傲，还曾当面询问夸奖。父亲能看到自己写的戏剧，也算是苦涩岁月中，让杨绛少有心慰的事。

《弄真成假》完成后不久，杨绛紧接着又创作了"三幕闹剧"《游戏人间》，由"苦干剧团"出演，姚克做导演。但不知是杨绛对此作品并不满意还是其他原因，《游戏人间》并未收录进《杨绛作品集》中，且如今已经找不到底稿。

不过，赵景深的《文坛忆旧》和司马长风所著的《中国新文学史》中都对这部戏剧有所记载。今天还能在当时上海出版的《杂志》《小天地》等期刊中找到观众为这部剧写的评论文章。

《游戏人间》后，杨绛于 1945 年又完成了自己唯一一部悲剧作品《风絮》。

悲剧《风絮》

　　杨绛并不是个喜欢悲悲戚戚的人，从小到大她性格中的活泼、温暖居多，戏剧创作也喜欢写喜剧，用喜剧的方式揭露社会、揭露人性。但也许是创作上的尝试，也许是受 1945 年父亲去世和抗战胜利前夕黑暗的社会状况影响，杨绛创作了她唯一的悲剧戏剧作品——《风絮》。

　　这部作品最初在 1945 年 4 月登出演出预告，后来在抗战胜利后不久，又发表在《文艺复兴》月刊的第三到第五期上，这本月刊是郑振铎和李健吾共同编辑的大型文学月刊，在当时读者不少。

　　《风絮》这部作品的名字是钱锺书取的，杨花飘在空中，洋洋洒洒飞舞在天上，就谓之风絮。但飞得再高再远，风絮总有落地的一天，履行一颗种子的使命，在土地中等待发芽。这部戏剧的名字是杨绛对观众的一种暗示。一个人就算有无限大的理想，也要脚踏实地面对现实，一直飘摇在风中，总会迷失自己，飘零一生。

　　在"风絮"的隐喻下，杨绛给观众讲述了一出爱情悲剧。这部剧讲述的是专注社会改革的青年知识分子方景山带着妻子沈惠连去乡间创业，因专心事业不但冷落妻子，而且得罪地方势力，被冤枉入狱。妻子和朋友唐叔远极力搭救方景山，在这个过程中妻子移情别恋，喜欢上男主人公的朋友唐叔远。戏剧从主角方景山出狱开始讲起，男主角充满斗志，却发现妻子移情他恋，那人还是共同来营救自己的好友。三个人上演两段纠葛恋情，酿成一幕人间悲剧。

如果对杨绛的作品进行总结，可以发现她之前两部喜剧代表作，主要是对社会中自私、势利、虚伪的人性进行鞭挞与嘲讽，更多的是运用喜剧的外壳发挥道德谴责的力量。而到《风絮》的创作时，杨绛将目光从批判社会转向探索人生，想讲述和揭示的已不再是传统意义上的是非对错和社会风气，而是更耐人寻味、引人思考的内容，是对人生的探寻和品味。如果说两部喜剧是在痛快淋漓地撕扯人性中的伪装和无价值的东西，《风絮》则是在演示有价值的东西也被毫不留情地毁灭，这种悲剧剧情带给观众的心灵震撼更胜一筹，甚至有让人耳目一新的感受。

与同时代其他戏剧创作者相比，杨绛的剧本有着明显的个人特色。她创作的戏剧故事中有社会人物众生相，既有市井小民的生活，也有身居高位者的形象，从她的戏剧作品中，可以看到能代表旧中国各个阶层的人物类型，通过对她戏剧作品的剖析，也能看到旧中国社会的更多方面。她每部戏剧的对话，无论风趣幽默还是悲戚无奈，都值得推敲，都引人入胜，这与杨绛在语言和文化上的深造密不可分，可以说杨绛的戏剧作品，亦可以代表那个时代较高的艺术水平。

值得一说的是，在杨绛名声渐起之后，在 1945 年 4 月末或

5 月初时，日本兵曾到杨绛家中搜查，并传杨绛第二天去日本宪兵司令部受审。

当时钱锺书出去上课不在家，家中只有杨绛和婆婆、叔父、女儿等老弱妇孺，日本兵突然进屋搜查，杨绛急忙将钱锺书当时写的《谈艺录》手稿藏好，又机警地与日本人周旋，并偷偷传话给钱锺书让他不要回家。第二天，杨绛按照日本人的要求去宪兵司令部受审，提心吊胆的杨绛早已在家中演练过许多遍如何回答问题，还好只是寻常问询，并没有用任何刑罚，不得不说十分幸运。在当时，很少有人能不受皮肉之苦地走出日本宪兵部。后来杨绛才知道，这次搜查是因为日本宪兵部想找的人恰好化名"杨绛"。

由此可见，当时的社会环境是多么压抑和黑暗。那时候，戏剧创作既是杨绛谋生的手段，也算是她在暗黑岁月中情感宣泄的一个出口。

甘做"灶下婢"，助《围城》惊世

杨绛好读小说、剧本，喜欢戏剧创作，丈夫钱锺书却对这类大众通俗文学没什么爱好。过去杨绛刚开始写剧本时也请钱锺书读过，可他并没什么兴趣，最多敷衍妻子，回答几句"很好、很好"。等到《弄真成假》上演出版，钱锺书见妻子的戏剧事业如火如荼，大约是受了刺激或者觉得被冷落，便跟杨绛许诺说："我也要写，我想写一部长篇小说！"钱锺书许诺要写的这部长篇小说，就是后来享誉国内外的《围城》。

杨绛听钱锺书这样说是十分高兴的。他们二人对文学、对对方都有着充分的信任和期待，只要是想做成的事，就没有不能实现的道理。抱着这样的期待，杨绛支持钱锺书日常少上一些课，多节省出时间写作，她很想赶紧看到《围城》面世。

钱锺书花费更多时间写小说产生的后果就是家庭收入紧缩，课时费少了，帮衬家中琐事的时间少了，更多的担子就落在杨绛身上。

为了节约家庭开支，支持丈夫写小说，杨绛心甘情愿当起"灶下婢"来。当时恰好赶上家中女佣回老家，杨绛为了省钱便不再雇用新人，一切家务都自己来做。

她曾在《记钱锺书与〈围城〉》一文中写道："劈柴生火烧饭洗衣等等我是外行，经常给煤烟染成花脸，或熏得满眼是泪，或给滚油烫出泡来，或切破手指。可是我急切要看锺书写《围城》（他已把题目和主要内容和我讲过），做'灶下婢'也心甘情愿。"

翻阅《围城》，我们可以发现书中加入了很多钱锺书和杨绛过往生活的场景。书中方鸿渐有钱锺书的影子，苏小姐结婚的场景和他与杨绛的婚礼极为相似。钱锺书将生活引入了小说创作中。而有了妻子的支持，钱锺书也有机会将更多精力放在写作上。他一天只写 500 字，每日写完了还要让杨绛第一个看，看着杨绛仔细读自己手稿的样子，紧张又期待的钱锺书总恨不得将后面的剧情和构思全都告诉妻子。在钱锺书这样的精雕细琢和杨绛的辅助下，《围城》的稿件几乎不用改动即可出版，字字句句都是经典。

在杨绛的支持下，从 1944 年到 1946 年，钱锺书历时两年，终于写完了这本洋洋洒洒 20 余万字的长篇小说。定稿之后，《围城》最先是用连载的形式刊登在《文艺复兴》上，后来又编入《晨光文学丛书》，且一经问世就俘获海内外无数读者，并在后来的几十年间一直畅销。过去，杨绛戏剧创作出名，业内称呼钱锺书常用"杨绛的先生"，如今钱锺书一部书登顶，杨绛在外的称呼又变成了"钱锺书夫人"，两人谈到这件事，都觉得有趣。

回顾整个创作过程，用钱锺书自己在《围城》序中的评价来讲："这本书整整写了两年。两年里忧世伤生，屡想中止。由于杨绛女士不断地督促，替我挡了许多事，省出时间来，得以锱铢积累地写完。"可见《围城》的创作过程实在是耗费巨大心力，如果没有杨绛在背后的支持和辅助，或许也不会有这部作品的出现，也难怪中国文坛将《围城》一书和杨绛夫妇的伉俪情深传为佳话。

关于《围城》一书的内容，杨绛则在文章中解释过："从他熟悉的时代、熟悉的地方、熟悉的社会阶层取材，但组成故事的人物情节全属虚构。尽管某几个角色稍有真人的影子，但事情都子虚乌有；某些情节略具真实，人物却全是捏造的。"

小说来源于生活，《围城》取胜的从来不只是情节，无论从人物语言、观点辨析、妙语金句来看，《围城》都是不可多得的佳作。

多年以后，在20世纪80年代，黄佐临的女儿黄蜀芹想拍摄《围城》电视剧，还特意找杨绛深聊了《围城》创作过程中的前后故事，并将剧本拿给杨绛过目，请她帮忙修改指点。当被问到如何突出《围城》主题时，杨绛这样回答："围在城里的人想逃出来，城外的人想冲进去。对婚姻也罢，职业也罢，人生的愿望大都如此。"这一经典总结也深得钱锺书肯定。从读书到成家，从婚姻到写作，杨绛是钱锺书的朋友、妻子、知己、情人，他们是彼此生命中不可缺少的另一半，携手相伴，成就文坛传奇。

译英国散文

　　抗日战争胜利后，钱锺书同时找到了几份工作，这让他们家的经济状况逐渐好转，杨绛也终于不用再做"灶下婢"，除了创作剧本，又找了一份新工作。

　　1946 年秋天，杨绛再次回到她熟悉的校园工作中，接替陈麟瑞做震旦女子文理学院的老师，负责教授英国小说和散文等课程。杨绛很喜欢这份工作。过去很多年战乱不断，杨绛虽热爱文学和阅读，但迫于时局和照顾家庭等问题，并没有太多时间专注文学，此次来文理学院当教授，杨绛经常说自己是"学教"，即一边学一边教之意，对她而言也算是又一次深造。因为杨绛非常认真又没有架子，从 1946 年入职到 1949 年秋天离开上海，震旦女子文理学院的负责人总是很照顾她，会给她安排最好的教室和上课时间，学生们也喜欢杨绛，乐于跟杨绛分享读书心得，甚至还有学生给她邮寄自己出版的作品。

　　这一时期，杨绛在授课之余也拓展了自己新的爱好——翻译英国散文。

　　过去杨绛只是读英国文学，并未尝试过翻译工作。抗战胜利初期，杨绛得闲时除了创作文章，也逐渐发现了翻译工作的乐趣。起初是因为《观察》杂志跟杨绛约稿，恰好她当时在读哥尔德斯密斯的散文《世界公民》，于是随便翻译了一小段来投稿，并自己加了个《随铁大少回家》的题目。没想到就是这段不长的译文，居然受到傅雷的称赞。只可惜这篇译稿现在已经找不到了，我们无缘欣赏杨绛先生当时的精彩翻译。

关于傅雷称赞杨绛这件事，还有一段小小的趣闻。傅雷当时已经是中国著名的翻译家，在文学界有很高的声望，以他对翻译的高标准，能夸人是很难得的，可杨绛却以为傅雷的称赞只是客套话，于是便也谦逊客套地回复了一句，惹得傅雷"责怪"她："杨绛，你知道吗？我的称赞是不容易的！"可见，杨绛在翻译方面也有很高的天赋，起步就能得到行业巨擘的称赞，这在一般人身上实属罕见。

在翻译工作上迈出了第一步，从此以后杨绛的翻译兴趣便逐渐浓厚，开始尝试翻译散文、小说等外国文学。当时钱锺书正在翻译《英国文化丛书》，发现杨绛在翻译上的实力后，便邀她一起参与翻译工作。

《英国文化丛书》这一系列共十二种，杨绛翻译的是《1939年以来英国散文作品》，由约翰·黑瓦德著，于1948年9月出版。这是杨绛的第一本译作。

之后她又翻译过《小癞子》《吉尔·布拉斯》《堂吉诃德》等大部头作品，逐渐成为英文作品翻译界有影响力的翻译家。从她翻译过的散文、小说等作品来看，杨绛在翻译创作中十分严谨，有较高的自我要求，而且会把自己的人生见闻、文风特点有机地融合进翻译作品中，力求让外国书籍以最完整的叙述呈现出来，兼具原文的精准和中文的清新，同时能避免僵硬的"翻译腔"，可称得上是"信达雅"的高水准翻译。

著名学者朱光潜曾赞杨绛是全中国翻译英语散文最好的人，还有读者用"顶好玩儿的"来评论杨绛翻译的小说《小癞子》，这些点评无疑是对杨绛翻译能力最大的褒奖。

杨绛 传
大美不争，大慈无声

回清华大学执教

随着《围城》一书受到广大读者的追捧，钱锺书成为当时文化界炙手可热的人物。他在抗战胜利后就辞去了震旦女子文理学院的工作，随后先是去中央图书馆担任外文部总纂，负责《书林季刊》编写工作，后又去暨南大学兼任教授，同时兼任英国文化委员会顾问，工作十分繁忙。随着工作重心的变化和结识的朋友越来越多，钱锺书和杨绛不再只是埋头创作，也会参加一些文化界的社交活动。

1948 年 3 月 18 日，钱锺书随代表团去台湾开会，台湾大学想聘用他，被钱锺书婉拒了，后来香港大学、牛津大学等都曾向钱锺书和杨绛发出邀请，抛出聘用的橄榄枝，但钱锺书和杨绛商量过后，都拒绝了。

关于这个阶段的想法，杨绛在《干校六记》中曾谈论过："我们的国家当时是弱国，受尽强国的欺凌。你们这一代是不知道，当时我们一年就有多少个国耻日。让我们去外国做二等公民当然不愿意。共产党来了我们没有恐惧感，因为我们只是普通的老百姓。我们也没有奢望，只想坐坐冷板凳。当时我们都年近半百了，就算是我们短命死了，就死在本国吧。"

抱着对祖国深刻的眷恋，在解放战争胜利前夕，钱锺书和杨绛收到了清华大学的聘书。两人都曾入学清华，又在此处定情，无论对杨绛还是钱锺书来说，清华大学都是特别的存在，两人的人生方向都是从这里开始确立的，自然期待能回清华大学任教。

于是，杨绛和钱锺书双双接受了清华大学的聘书，一家人于 1949 年 8 月 24 日出发，8 月 26 日中午抵达北京。

距离杨绛上次离开北京已经十多年了，那次离开还只有杨绛和钱锺书两个人，如今回来，却已经是幸福美满的一家三口。再次踏上北京这片热土，杨绛和钱锺书带女儿游览了诸多名胜古迹，踏入清华大学校园的时候，杨绛觉得这大概就是落叶归根，而此后她确实也再没离开过这片土地。

当时清华大学有夫妻二人不能同在校内做正式教授的规定，所以来到清华大学后，钱锺书入职做正式教授，教外文系研究生，开设西洋文学史和经典文学之哲学课程，同时教大二学生英文；杨绛则做兼职教授，只按课时计算工资，教英国小说选读。如此一来，杨绛的工资虽然少些，但乐得清闲，可以名正言顺地避免参加一些"无用"的会议，时间上自由得多，她便自嘲是"散工"。但是实际上，这位"散工"教授的课却并不比正式教授少，且深受学生欢迎。

回到清华大学，一家人稳定下来，杨绛的身体得到充分休养和恢复，也开始有更多时间来钻研她喜欢的西方古典文学。

回清华大学任教这一年多，杨绛开始进一步深入研究翻译工作。她利用课余时间翻译了西班牙名著《小癞子》，书中用幽默的笔法揭露西班牙社会中的腐朽现实，以小人物的故事为载体讽刺贵族的空虚和傲慢，鞭挞僧侣的伪善和丑恶嘴脸。这样的思想内核与杨绛以往创作的喜剧有异曲同工之妙，杨绛在翻译中也将自己独特的幽默语言风格和原著结合，呈现了不俗的翻译效果。这本书不但是西方首部流浪汉小说，也是杨绛翻译流浪汉小说的开始。

除了教学、读书和翻译工作，回清华大学的这一年多，杨绛似乎进入了自己人生的鼎盛时期。虽然已是不惑之年，但她身上更添了一份从容优雅和成熟女性的自信。这个阶段的杨绛爱穿旗袍，爱拍美照，仿佛又变成了那个曾经在清华园里闪耀发光的杨绛。只可惜，杨绛和钱锺书还没感受多久安居乐业的平静生活，又迎来了生活上的变化。那时人心浮躁，学术气氛低迷，但杨绛学会了适应环境，她在积极适应中坚守本心，保持不与世沉浮的态度。

辅导女儿

　　杨绛夫妇在清华大学的日子，除了上课、办公、开会、读书，还有一项重要工作就是辅导和教育女儿。

　　女儿钱瑗幼时遭逢战乱，食不果腹、营养不足的情况时有发生，这导致钱瑗的身体健康情况一直不太好。1947年她的右手食指骨节肿大，查出是骨结核，休养了十个多月后才痊愈，但痊愈后身体也难与同龄孩子相比，还是比较弱，这让杨绛和钱锺书十分心疼，经常觉得愧对女儿。

　　1949年杨绛和钱锺书来清华大学任职，是钱瑗第一次北上，虽然对杨绛夫妇来说，清华大学校园已十分熟悉，但对钱瑗而言，无论是北京还是清华大学，都是极为有趣的，而对钱瑗来讲，北上清华大学的另外一件好事是，她可以不去上学，在家学习，由杨绛和钱锺书夫妻二人辅导功课。

　　钱瑗在上海时已读过初一，来北京后本应该升入初二，但当时清华大学附属中学对入学有年龄要求，钱瑗年纪太小，按规定只能读初一，不能升初二。本就心疼女儿体弱，又觉得重读和参加北京中学那些频繁的会议很浪费时间，杨绛觉得还不如让女儿在家自学，遂决定由钱锺书教语文和英语，自己教代数、几何和理化，由他们二人做女儿的老师。这样学业和休养两不误，算是很好的办法。

杨绛夫妻俩有自己的一套教育理念，他们不想让女儿只会死读书，更重视钱瑗自主学习能力的培养。所以，在家学习期间，钱瑗的课业并不多，只需要每天向钱锺书交两篇毛笔字作业，再每周听他讲讲英文文法，读一些英文课文，写一篇作文练笔即可。如此一来，钱瑗就有了很多时间在清华大学校园里闲逛。虽然她休学在家，没有同学的陪伴，但清华大学校园的美丽风景、教学设施、文化氛围，都是钱瑗快乐的源泉。

当时钱瑗喜欢弹钢琴，最爱逛清华大学里灰楼的音乐堂，因为那里的琴房每月只需交一元钱，就能每天练习一小时钢琴。钱瑗沉迷练琴，每天要花费几个小时泡在琴房里，甚至为了练琴而糊弄功课，逃避钱锺书留的作业。

耍小聪明的钱瑗将以前写过却没被批改的毛笔字当作业充数，两三次之后就被钱锺书发现，气得一向疼爱女儿的钱锺书怒不可遏，撕了钱瑗的所有英文文法书，并对女儿严厉斥责。对女儿这样弄虚作假的做法，杨绛也是绝不姑息的，她严厉批评钱瑗，并勒令她补好所有文法书。有了这次教训，钱瑗日后在学业和德行上，都没再做过弄虚作假的事。

在数学、理化等科目的教育上，偷懒的则不是钱瑗而变成了杨绛。

杨绛教女儿数学，随着难度加大，杨绛也生出偷懒的心思，但她是聪明的，自有一套激励女儿的方法。

杨绛会向女儿示弱说："妈妈跟不上了，你自己学下去，可以吗？"

听话的钱瑗体谅妈妈，果然自己学下去。过几天杨绛不放心，又问女儿有没有困难，觉得困难一定要趁早说，否则妈妈真的会跟不上。没想到钱瑗很有数学天赋，靠着杨绛给她买的课本和参考书，居然自学得很好，后来升入高一时，数学还能得满分，着实让杨绛惊喜。

1951 年，钱瑗参加中考，顺利考入贝满女校，开始到城里过寄宿的生活，重回校园并交到了很多不错的朋友，杨绛夫妻二人辅导女儿的日子才算结束。而随着女儿上高中，杨绛和钱锺书，即将步入又一段风雨人生。

第六章

风雨人生，淡然处之

1951 年，各地高校教师的思想改造工作如火如荼地进行起来。在随后的这段岁月里，杨绛经历风雨，也对抗风雨，她一切淡然处之，也收获更多坚韧。

下乡"过五关"

  1952 年，杨绛和钱锺书从清华大学被调到北京大学文学研究所，双双降为研究员。因工作的调整，夫妻俩从清华园搬家到中关园。但这一切变化都影响不了杨绛夫妻乐观的生活态度，他们给新家取名为"容安室"，这也是那个时候一家人心中共同的心愿，求一室平安容身。

  在此期间，杨绛从未中断过翻译工作。自解放战争胜利后她已翻译了很多作品，其中尤以法国长篇小说《吉尔·布拉斯》最好，连北大的朱光潜教授都称杨绛散文翻译全国最好。

  然而，不久后，杨绛和钱锺书又接到了下乡工作的任务。

  1958 年 10 月，杨绛成为文学研究所第一批派去下乡的人，钱锺书在一个月后也被派下乡。当时女儿钱瑗已经开始到炼钢厂工作，一家三口分处三地，难以见面。

  当时有规定说 45 岁以上的女同志可以不用下乡，但杨绛担心自己不去影响不好，被有心人借题发挥恐影响到钱锺书和钱瑗，所以还是坚持下乡。

  说是下乡，实际上当时去的地方并不远，只是北京郊区，但对杨绛而言，距离上的远近并不是最难以接受的，最需要克服的反而是下乡集体生活中各种饮食起居环境的不适应，杨绛将这些难以适应的方面记录下来，还幽默地称其为"过五关"。

　　第一关是"劳动关"，杨绛从未做过农活且不再年轻，只能做一些不太费力的轻便活，比如砸玉米；第二关是"居住关"，过去从未见识过的土屋茅舍可算是见到了，但和四个人挤在一张小竹榻上的生活，是杨绛难以想象的；第三关是"饮食关"，下乡之后早晚只能吃稀粥，中间穿插玉米面窝头，既不好消化，又吃不饱，苦得杨绛梦里都是吃的；第四关是"方便关"，杨绛实在是害怕乡下的旱厕，一次半夜闹肚子，甚至只能学家里的猫咪，挖沙刨坑解决，之后再填埋干净，实在让她头痛；第五关则是"卫生关"，杨绛素来爱干净，但乡下水资源短缺，洗漱都不够用，更别说饭前便后洗手，所以吃饭后也只能手背随便一抹嘴。

　　虽然"过五关"对杨绛来说并不容易，但除此之外，并没有想象中难熬。乡村里人际关系简单，人都比较淳朴善良，杨绛也与大家相处融洽。她曾得意地说："我在上层是个零，和下层关系亲密。"

　　除了乡下人的热情善良，支撑杨绛挺过下乡时光的还有钱锺书的家书，一封封来信中熟悉的笔记、亲热的问候，成为杨绛下乡时的慰藉。

每日一封家书

　　杨绛和钱锺书的婚姻一直被奉为典范，是中国文坛的一段佳话。结婚二十多年，两人之间的亲密和恩爱从未消减，实在是羡煞旁人。1959 年时，钱锺书还曾写诗给杨绛诉衷情："弄翰然脂咏玉台，青编粉指更勤开。偏生怪我耽书癖，忘却身为女秀才。"字里行间如少年人一般，毫不吝啬地夸奖妻子杨绛的容貌和才华。这样恩爱的两个人，自然难以忍受对方下乡不在身边。是牵挂，是爱恋，也是习惯，钱锺书在杨绛被派下乡的日子里，又开始给她写信，像当年热恋时一样，每日一封信，记录所思所想，与杨绛分享。

　　乡下"过五关"的日子是苦的，但每天一封家书的味道是甜的，在许多的甜中，那一些苦也就不算太难忍耐。那时别人都笑杨绛的信太多，其实大家都羡慕杨绛有亲人如此挂念。

　　每次收到信，杨绛都会仔细读，读完后整齐规矩地折好，贴身放着。钱锺书这些来信她从不扔，也不离身，就放在衣服口袋里随身带着。放在衣服口袋里，口袋逐渐鼓起来，心也就逐渐踏实了。可惜的是，后来钱锺书的家书实在积攒太多，杨绛没法天天全部带在身上，便只好狠心将信件全部烧毁。后来很长一段时间，杨绛都在暗自后悔焚毁了这些宝贵的家书。

关于下乡这段时间钱锺书给自己写家书的事，杨绛曾说："这是默存一辈子写得最好的情书，用他自己的话：'以离思而论，行者每不如居者之笃''惆怅独归，其情更凄戚于踽凉长往也'。"

有钱锺书一封封家书陪伴，下乡的日子也不算太难熬。杨绛原定三个月的下乡时间，后来提前一个月结束，只在乡下待了两个月。回城之前，他们和村民要互相提意见、写评语，做下乡经验总结，杨绛得了个"能和群众打成一片"的评语，让她很是得意。

实际上，杨绛这次下乡，除了吃苦也不算全无收获。她在乡下遇到各种各样的"农民阶级"，见识村里人的质朴和市侩，见识贫苦农民的真实生活，她为农民们讲解《农村十条》，为村子里搞"诗画上墙"工作，这些宝贵经历都成为她日后写作的灵感来源和素材原料，让她在城市之外，走进农村的生活，进一步看到更大的世界。

杨绛 传
大美不争，大慈无声

夹缝中的微光

　　下乡结束，杨绛继续回到北大文学研究所，从事她热爱的翻译工作。

　　当时她负责指导董衡巽翻译。董衡巽之前在北大西语系英语专业读书，导师是朱光潜，在英文翻译方面有不错的积累。他拿着一篇自己翻译好的英国作家萨基写的短篇小说《开着的窗门》来请杨绛点评。

　　原本董衡巽以为自己会受到杨绛表扬，没想到杨绛快速看完稿件后却皱眉询问："你是怎么翻译的？"

　　董衡巽将自己的翻译方法告诉杨绛，杨绛紧接着详细指出了董衡巽翻译上的错误，给他好好上了一课。在杨绛的启发下，董衡巽第一次意识到竭尽全力反复琢磨在翻译工作中是多么重要。

　　除了指导新人，杨绛还接到了来自研究所的一项新工作，翻译西班牙作家塞万提斯的著作《堂吉诃德》。因为杨绛之前翻译的《吉尔·布拉斯》质量很好，中宣部副部长林默涵便觉得她能胜任《堂吉诃德》的翻译工作。可等实际开始翻译后，杨绛才意识到一个问题。

《堂吉诃德》是西班牙语作品，市面上虽然有英文和法文等多种不同翻译版本，但是这些转译作品还是有所欠缺，任何翻译后的版本都不能代表原作，为忠实原著，杨绛决定开始学习西班牙语。

　　翻译、写作、学西班牙语，成为她在很长一段时间里精神上的支柱。文学和翻译工作就像夹缝中的一缕微光，让杨绛将心思从现实中解脱出来。

　　1966年之后的十年，成为杨绛作品数量锐增的一段时间，许多今天我们能看到的杨绛作品，都是在这个阶段写成的。

　　杨绛在重新翻译完《小癞子》之后，用业余时间重新开始小说创作。《大笑话》《玉人》《鬼事业》等作品都出自这个时期。

　　眼看杨绛在创作上如此高产，钱锺书在给女儿的信中调侃杨绛说："得信，知又大作论文，盖与汝母之大作小说，皆肚里有货之证；若我则搜索枯肠，不成片段。德谚嘲空腹所谓'既无臭屎，亦无孩子'。"

第六章　风雨人生，淡然处之

151

永恒的《堂吉诃德》

　　杨绛一生翻译作品众多，但要说最能代表她翻译水平和创作风格的，还是要数《堂吉诃德》。这部译作如杨绛翻译生涯中的一枚勋章，前后历时二十多年才完成，在这段漫长的翻译时光里，杨绛一路上就如书中的堂吉诃德一样在乐观中勇往直前，永不服输。

　　在 1957 年接到"外国古典文学名著丛书"委员会重译《堂吉诃德》的任务之后，经过一系列研究，杨绛于 1959 年开始自学西班牙文，为更好地翻译《堂吉诃德》做准备。

　　众所周知，《堂吉诃德》在西方文学史上是与《哈姆雷特》《浮士德》相提并论的经典作品，在文学领域具有举足轻重的地位。杨绛对待翻译向来严谨，无论是将英语还是法语翻译版本转译成中文，她都觉得会导致原文内容有所缺失。在自学西班牙语之后，从 1961 年到 1966 年，杨绛翻译完整本书大约四分之三的内容，后因故导致《堂吉诃德》翻译工作停止，1972 年 8 月，翻译工作重启，但因中断多年，难以接续，杨绛只好从头再译。

　　回顾《堂吉诃德》的翻译过程，有很多值得一提的或温馨或惊心的回忆。

刚开始译《堂吉诃德》，因为西班牙语还不是特别好，杨绛还需不断学习西班牙语，当时钱锺书在学习意大利语，两个人都有语言学习的独特方法，但只要待在一处，那语言学习的快乐就会翻倍。夫妻俩研究出一个互相考验的小游戏，一个人说一个词，对方则需要用自己正在学的语言说出对应的词。这样一个小游戏，两人玩得不亦乐乎。

　　1978年，前后历时二十多年，七十多万字的汉译本《堂吉诃德》终于由人民文学出版社出版。这是第一部由西班牙语直接译得的《堂吉诃德》中译本，其翻译水平受到西班牙方面的高度肯定。1986年10月，西班牙驻华大使代表西班牙国王胡安·卡洛斯一世给杨绛颁发了"智慧国王阿方索十世十字勋章"，这在中国文学翻译界是空前殊荣，杨绛当之无愧。

　　此时杨绛已经七十多岁，二十多年翻译路的漫长跋涉，杨绛犹如翻译界的"堂吉诃德"，敢为人先，明知不可为而为之，做出种种与世俗相悖的决定，却始终坚持自己的梦想。正是因为有杨绛在屡次经历磨难后，又坚持不懈点燃希望，《堂吉诃德》才最终有幸与国人见面。

　　杨绛谈论《堂吉诃德》的翻译过程时曾说："我翻译的时候，很少逐字逐句地翻，一般都要将几个甚至整段文句拆散，然后根据原文的精神，按照汉语的习惯重新加以组织。我翻译很慢，平均每天也不过五百字。我是个死心眼儿，每次订了工作计划就一定要求落实。我订计划的时候精打细算，自以为很留有余地。"这和种庄稼一样，"字字皆辛苦"。

　　正如杨绛说的，翻译是一件"苦差事"，译者就像要服侍两个"主子"一样，既要忠于原文，一字一句不敷衍、不违拗，又要尊重本国读者的语言习惯，才能翻译得地道、贴切。《堂吉诃德》读起来幽默风趣，语言流利酣畅，大概正得益于杨绛在翻译中坚持"一仆二主"，力求三方都满意的思路。

除了翻译《堂吉诃德》，杨绛之后还围绕该书发表过一系列论文，深入挖掘整个作品的艺术价值，阐述其在文学和现实中存在的意义，为我国文学界研读《堂吉诃德》做出重要贡献。也正是因为《堂吉诃德》这部翻译作品，杨绛在1982年被推举为中国翻译家协会理事。

永恒的《堂吉诃德》，是杨绛翻译著作的尖峰，也是中国翻译界的荣耀！

她是杨绛，也是中国翻译界不畏艰难的"堂吉诃德"。

第七章

绵长不以生死度

做一个有趣的人，就算独处也不会感到寂寞。人的一生很长，能与有趣的人共度一生，才不枉来人间一回。杨绛就是这样一个不甘寂寞的有趣人。她的一生很长，105岁高寿，让她的人生总在经历告别。年轻时告别父母，老年后送走女儿和丈夫。但绵长不以生死度，被留在人间的杨绛，将时光写成书，慢慢整理三人生活的过往，她的文字满载爱与不舍，讲述"我们仨"的故事，也在透过文字告诉所有读者：人间值得。

女儿病逝

杨绛曾对钱锺书说，女儿钱瑗是"我生平唯一杰作"。钱瑗身上不仅有杨绛温婉贤良的大家风范，她的血液里还流淌着杨绛和钱锺书勤奋与智慧的基因。

对杨绛来说，女儿阿瑗是非常贴心懂事的；对钱锺书来说，阿瑗更是自己最铁的"哥们儿"。他们三人就是一个不能分割的整体，也不会因为任何尘俗纷扰而疏离。

长大后的钱瑗工作能力很强，杨绛曾感慨地对钱锺书说："她真是'强爹娘，胜祖宗'。"但钱锺书叹道："咱们的圆圆是可造之才，可是……"

杨绛心中也很痛惜，虽然钱瑗是一颗良好的"读书种子"，却没有遇到合适的土壤。抗战时，物质条件极差，钱瑗正长身体，但想吃顿肉都难。抗战结束后，钱瑗没过几天舒坦日子就患上了骨结核，整个学龄前几乎都在病榻上度过。

参加工作后，钱瑗又是一个要强而负责的教师，几乎为教育事业奉献了自己全部的精力。虽然她没有取得与父母比肩的文学成就，但她以高度的责任感、使命感，践行着自己当一名"教师尖兵"的誓言。

可是，时间不会因为钱瑗的优秀而停下，年纪大了后，钱瑗逐渐被各种疾病困扰，先是持续咳嗽，后来又出现了腰痛。她怕母亲担心，说自己腰痛是因为坐公交车时"闪"了。

1996年春，钱瑗的腰痛突然加剧，医生告诉她，她的脊椎发生了病变，不排除有癌细胞增生的可能，同时还查出她的肺部也出了问题。她很快住进了北京胸科医院，经专家会诊，确诊为肺癌晚期。

日益加重的病情，让钱瑗的身心同时遭受着前所未有的巨大折磨。但为了不让母亲担心，钱瑗一直不让母亲去医院看望自己。因为那时钱锺书也病倒了，住在医院，需要杨绛照顾。钱瑗实在不忍心让80多岁的母亲坐公交车穿越大半个北京城来看自己。

可是，心疼女儿的杨绛还是忍不住在女儿和丈夫所在的医院之间穿梭。对她而言，这两个人比自己的生命更重要。

随着癌细胞不断侵入骨髓，钱瑗的脊椎出现了骨质疏松，只能平躺不动。时间一长，她的后背生了褥疮，甚至溃烂，露出骨头，下身也逐渐瘫痪。她的肠胃也失去蠕动能力，不能进食，只能输液。她全身能输液的静脉已经扎烂，只能在肩胛骨上开了个小口输液。但当有学生去看望她时，她仍然满面笑容地说："在身上随便打洞，真残酷呀！"

精神好的时候，钱瑗会与杨绛通电话，这是钱瑗一天中最快乐的时刻。在临去世的最后几天，仿佛对自己的生命即将结束已有预感的钱瑗，打电话给杨绛说："娘，您从前有一个女儿，现在她没用了。"杨绛听完，心如刀绞。

1997 年 3 月 3 日，钱瑗主动提出要见母亲，于是杨绛穿越了大半个北京城去看她。在医院里，杨绛看着被病魔折磨得已不成样子的阿瑗，心疼地拉着她的手说："安心睡吧，我和爸爸都祝你睡好。"钱瑗听后笑了，像一朵绽放的鲜花。

3 月 4 日下午 5 时，杨绛与钱锺书唯一的女儿钱瑗去世了。接到消息后，杨绛难过得不能呼吸，但她没有去医院见逝去的女儿，连阿瑗火化时，她也照例去医院照顾钱锺书。她实在不想面对母女分离，从此天各一方的痛苦与凄凉。

在钱瑗离开差不多一百天后，白发苍苍的杨绛一人悄悄去了北师大校园。在一棵埋着阿瑗骨灰的雪松旁，她静静地坐下，不无哀伤地套用苏东坡的悼亡词，说道："从此老母断肠处，明月下，常青树。"她用这句话来表达一位母亲对女儿的锥心思念。

爱人离世

　　女儿钱瑗的离世，让杨绛悲痛欲绝。然而，纵然经历着丧女之痛，杨绛依然像往常一样穿梭在家和医院之间，悉心照顾着钱锺书。她会精心为钱锺书制作各种细腻软糯的饭食，再出门乘坐拥挤的公交车，带到医院给钱锺书吃。

　　为了不让病重的钱锺书为女儿的离世伤心，杨绛一直没有将阿瑗的死讯告诉钱锺书，她还每天把阿瑗写的文章念给钱锺书听。阿瑗离开四个月后，钱锺书的病情逐渐进入一个相对稳定的状况，这时，杨绛才终于敢把女儿去世的消息一点点透露给钱锺书。因为担心钱锺书无法接受，杨绛足足花了一周时间，才把这件事说清楚。

　　让杨绛没想到的是，钱锺书似乎早已知晓了一样，听到杨绛告诉自己女儿"已去了"时，他只是点点头。从那之后，钱锺书再也没有提过阿瑗。

　　然而，自从得知女儿去世，原本病情已经稳定的钱锺书身体却每况愈下。尽管院方组织专家积极治疗，也仍然没能控制住钱锺书迅速恶化的病情。杨绛也意识到，这是个不好的预兆，她的内心开始变得格外慌乱。但在钱锺书面前，她仍然保持着自己特有的从容与淡定，替他打理各种琐事。

有一次，有人带了一本钱锺书的诗集《槐聚诗存》，到医院看望钱锺书，想请钱锺书和杨绛在这本书上为自己签名留念。看着病床上的钱锺书，杨绛不忍心打扰他，就替他盖章代签。在签名时，她特意把自己的名字签在钱锺书名字的后面，一边签名一边笑着说："夫在前，妻在后。"

的确，杨绛与钱锺书相爱相守六十三年，经历过青春年少时的花前月下，经历过异国求学时的孤苦无依，也经历过战火纷飞年代的颠沛流离，无论何时，她都是钱锺书最有力的后盾。他们对彼此的爱，从未因为时光的长短、生活的甘苦而有所改变。

在钱锺书人生的最后一段时日里，杨绛表现得异常坚强，"锺书病中，我只求比他多活一年。照顾人，男不如女。我尽力保养自己，力求'夫在前，妻在后'，错了次序就糟了"。不论钱锺书是否清醒，她总是小心翼翼又安安静静地守在他身旁，用他们彼此才懂的家乡话跟他聊天，细心又周到地为他擦脸、擦身……杨绛用温柔而深挚的爱，为钱锺书留下了生命中的最后一缕温暖。

1998 年年底，钱锺书的身体再也支撑不住了。他总是陷入昏迷，有时还说梦话。在一次短暂的清醒间隙，他望着妻子，艰难地说了一句："绛，好好里（好生过）。"这是他对妻子杨绛说的最后一句话。

12 月 19 日凌晨，医生感觉钱锺书的情况不好，立刻联系杨绛。等杨绛赶到医院时，钱锺书已经闭上了眼睛。杨绛拉起钱锺书的手，手上余温还在，她附在丈夫耳边，轻轻地说："你放心，有我呐！"

一代文学大师钱锺书走了。

杨绛为钱锺书穿上他生平最喜欢的中山装，里面穿的是自己亲手为他织的毛衣毛裤。同时，按照钱锺书生前遗愿，杨绛只为他举办了简单到极致的葬礼。没有鲜花，没有挽联，也没有任何应景的布置，杨绛只在他身上撒了一些花瓣，陪他一路走到火化炉前，久久不愿离去。她掀开盖在丈夫脸上的白布，帮他摘下眼镜，轻轻地抚了抚他的脸，最后一次泪眼蒙眬地送他离开。

钱锺书去世后，杨绛便很少出门，也几乎不见客。虽然她早已做好了钱锺书离开的心理准备，可当这一天真正到来，她仍然是难过的。她说："我曾做过一个小梦，怪他一声不响地忽然走了。他现在故意慢慢儿走，让我一程一程送，尽量多聚聚，把一个小梦拉成一个万里长梦。这我愿意。送一程，说一声再见，又能见到一面。离别拉得长，是增加痛苦还是减少痛苦呢？我算不清。但是我陪他走得越远，越怕从此不见。"

生命行至终点，任何人都拖不住死别的脚步，他们终归还是要"从此不见"。就像杨绛说的那样："我们三人就此失散了。就这么轻易地失散了。'世间好物不坚牢，彩云易散琉璃脆。'现在，只剩下了我一人。"

写下《我们仨》

钱瑗与钱锺书先后离世，独留杨绛一个人，形单影只。一个人回忆此前生活的点点滴滴，前尘往事，历历在目。

杨绛开始追忆那些三个人共同走过的日子，寄托情思，她想把一家三口曾经的幸福生活都记录下来，用文字消除那些挥之不去的孤独。也许时光不让人回头，但杨绛还是舍不得那些珍贵的回忆，于是就有了《我们仨》这部让人既感到悲伤，又感到温暖的名作。

实际上，杨绛一家三口早就有意要写这样一本书了，甚至当时还分好了工：钱瑗写父母，杨绛写父女俩，钱锺书写母女俩。但三个人都很忙，这个愿望一直没有实现。后来钱瑗生病，自知时日无多，想起这件事，便请求母亲把《我们仨》的题目让给她写，她要把自己和父母多年来一起生活的点点滴滴都记录下来。

钱瑗写的第一篇文章是《爸爸陪我玩》，后来又陆续写了四篇，直到不能进食仍然坚持在写。杨绛看她写得辛苦，就劝她停一停，没想到钱瑗这一停，就再也没能拿起笔。

钱锺书去世后，杨绛一个人孤单无助，想念丈夫和女儿，于是动笔继续写《我们仨》。她想通过这本书找到自己悲伤的出口，释放自己的脆弱与思念。

《我们仨》像是写了一个梦，这个梦亦真亦假，像受到巨大打击的人飘飘忽忽的精神状态，却又充满了隐喻。它一共分三个部分，分别为"我们俩老了""我们仨失散了"和"我一个人思念我们仨"。

"我们俩老了"写的是杨绛老年时的一个梦境，以"锺书大概是记着'我'的埋怨，叫'我'做了一个长达万里的梦"拉开全文序幕。梦中，钱锺书与"我"一道走，忽然不见了，任凭"我"怎么找都找不到。"我"很害怕，觉得自己被抛弃了，又急又怕地醒来，发现钱锺书就在"我"身边安睡。"我"怪钱锺书在梦里丢下"我"一个人，钱锺书不以为然，只说那是老年人常做的梦，他也会做。

"我们仨失散了"则是一个"万里长梦"，讲述了一家三口在人生最后阶段相依为命的深刻情感，回忆了女儿和丈夫先后离去的过程。在梦里，"我"回到了钱锺书84岁那年，他变成了只能躺在铺着白床单的床上的病人。他的床在一艘小船上，船停泊在河中央，"我"找了间客栈住下，每天到船上去看他。钱瑗有时也来，拉着他的手，陪他聊天。忽然有一天，钱瑗走了。忽然又有一天，钱锺书的船也不见了。

这部分大概是杨绛最痛苦时刻的隐喻。对杨绛而言，有钱锺书的地方才是家；钱锺书不在，家便成了客栈。外人很难想象，年近九十的杨绛每天奔波在家与医院之间，既要照顾重病的丈夫，又要承受失去女儿的痛苦，她经历了怎样的折磨。也许只有痛到极致的人，才会将这种苦痛幻化为梦吧。

"我一个人思念我们仨"写的是摆脱了梦境，回忆三人一起生活的往事，以及这个家庭鲜为人知的坎坷历程。也许重温这些往事，才能让杨绛感受到自己在真真切切地活着。

2003年，《我们仨》出版后，无数读者为之动容。这本书还获得了当年中文创作类十大好书的第一名，仅仅一年便销售50万册。

然而，书的热销并未触动杨绛平和的内心，相比之下，她更喜欢看到的是读者来信。她说："我没有写什么大文章，只是把自己个人的思念之情记录了下来，不为教育谁用。书在外面受到人们欢迎的情况，我也实在承担不起。"

设立"好读书"奖励基金

原本就很少出现在公众场合的杨绛，在钱锺书去世后更是无心外出。有前来登门拜访的人，她也一一婉拒，每天一个人在家里翻着旧书，一个人读书写字，一个人发呆思考。

虽然上了年纪，做事也感到力不从心，无论是精神上还是精力上，都大不如年轻的时候，但就算如此，杨绛仍然坚持工作。她不仅要接替钱锺书的工作，帮他将生前未能整理完的书稿和笔记整理好，还要完成自己的写作与翻译工作。她说："锺书逃走了，我也想逃走，但是逃到哪里去呢？我压根不能逃，得留在人世间，打扫现场，尽我应尽的责任。"

帮钱锺书整理书稿可不是件容易的事，他的手稿繁多，且好多已支离破碎。杨绛耐着性子，一点点地拼凑起来，仔细粘好，整理完后再装订起来，最后从头到尾审阅一遍。经过她的整理，钱锺书的外文笔记有三万四千页，中文笔记三万多页，"日札"两千多页，每一页内容都凝聚着钱锺书的心血，同样也凝聚着杨绛的心血。

在杨绛的努力下，《钱锺书手稿集》终于得以出版，杨绛还亲自为这部手稿题写了书名。这部书中收集了钱锺书的全部著作，并对《塞上》《柳枝词》《对雪》《寒食》《村行》等宋词作了翔实注释。对此，杨绛说："我希望他毕生的虚心和努力，能得到尊重。"

穷其一生，专心做学问，这是钱锺书和杨绛夫妇人生的主旋律。他们所追求的生活是单纯的，也是朴素的。对于名利、钱财等身外之物，他们看得很淡，也很透彻。

其实，早在 2001 年时，杨绛便做了一个决定，将她和钱锺书作品当年上半年所获稿酬现金 72 万元全部捐赠给母校清华大学，设立"好读书"奖励基金。

读书是她与钱锺书共同的志趣和爱好，她希望能用这种方式鼓励年轻人多读书。此后，她还与清华大学协定，将以后出版的所有作品所得报酬的权利，全部捐赠给清华大学教育基金会。

"我们一家三口都最爱清华大学。"在杨绛的人生际遇里，她"三进清华"；钱锺书被清华"两次破格录取"的佳话，更是广为人知。在这个书香氤氲的历史名校中，他们的女儿钱瑗也汲取过知识和精神养料。因此，设立"好读书"奖励基金也是对"我们仨"的一种纪念。

杨绛在捐赠会上说："这次是我一个人代表三个人说话，代表我自己、已经去世的钱锺书和女儿钱瑗。……期望得奖学金的学生，永记'自强不息，厚德载物'的清华校训，起于自强不息，终于厚德载物，一生努力实践之。"在讲话的最后，杨绛还说："谢谢清华大学帮助我实现了我们一家三口人的心愿。"

清华大学向杨绛颁发了书有"功存教育，义声长孚"的证书，以此肯定和感谢她对清华大学的卓越贡献。这位九旬老人值得拥有这份荣耀，这也是同属于钱锺书和钱瑗的荣光。

怀念如此美好

　　2005 年新年，杨绛是在医院度过的。她原本只是有些感冒，在家附近的诊所打过针后，一直没有好转，不得不住进医院。经过一段时间的治疗后，她终于平安出院了。

　　这次生病应该让杨绛思考了许多关于生与死的问题，因为在出院之后不久，她就开始动笔写《走到人生边上》。其间写写停停，耗时两年多才写完。

　　《走到人生边上》与钱锺书在四十年前写的《写在人生边上》的名字只有两字之差，但两人对于"人生边上"的定义却不尽相同。钱锺书的《写在人生边上》收录了他在 1939 年前写的十篇散文，他说这是自己在"为人生的大书做注脚"；而杨绛的《走到人生边上》却是写在看遍人间百态之后，可以说是走到了生与死的边缘线上，其心境与钱锺书当年自然大有不同。

　　这本书分为两部分，第一部分涉及神与鬼、灵与肉，以及关于人生的众多题目；第二部分则是注释。文中也写了很多玄幻故事，提到了一些命理之说。杨绛原本是个唯物主义者，但她一生历经坎坷，遇到过一些非常理和科学能够解释的事，因此在书中也把这些问题抛出来，引发大家的思考。

2007 年，《走到人生边上》一书出版了，这也是杨绛在世出版的最后一本书，此时的杨绛已经 96 岁高龄。

杨绛晚年的创作，大多是"向内"进行的精神探索，或者回归往昔、怀念美好，或者深入灵魂、探求人生本质。周国平在评价杨绛晚年的作品时说："这位可敬可爱的老人，我分明看见她在细心地为她的灵魂清点行囊，为了让这颗灵魂带着全部最高贵的收获平静地上路。"

2011 年，杨绛 100 岁了。在杨绛看来，走过 100 个年头之后，那些与钱锺书一起度过的生活，都已成了久远而浪漫的回忆。在百岁生日来临之际，她接受了一次书面访谈。在采访中，杨绛回忆了自己的一生经历，记起了自己的父亲杨荫杭，也讲到了自己与钱锺书神仙眷侣般的生活。在谈到爱情与婚姻时，杨绛自有一番体会，她说："我由宽裕的娘家嫁到寒素的钱家做媳妇，从旧俗，行旧礼，一点没有'下嫁'的感觉，叩拜不过跪一下，礼节而已，和鞠躬没多大分别。"

世界上没有任何一个人要按照另一个人的喜好而生活，成熟的爱，就是坦然接受那些不同与缺憾，懂得看到彼此的好，"繁枝容易纷纷落，嫩蕊商量细细开"。

杨绛爱钱锺书，钱锺书也一直十分欣赏杨绛，从不吝啬对她的赞美和宣扬。不论是两人初恋时，还是结婚后，钱锺书都为杨绛写了很多诗句，记录他与杨绛的美好情感，赞美杨绛的勤劳、贤惠，夸奖她是一个有学识、爱读书、会写作的女秀才。

"我与钱锺书是志同道合的夫妻。"这样坚定有力的话语，是杨绛对钱锺书爱的回应。

　　杨绛的百岁感言，更是吸引了全世界的目光。她说："我今年100岁了，已经走到了人生的边缘。我无法确知自己还能走多远，寿命是不由自主的，但我很清楚我快'回家'了。我得洗净这100年沾染的污秽回家。我没有'登泰山而小天下'之感，只在自己的小天地里过平静的生活。细想至此，我心静如水，我该平和地迎接每一天，准备回家。"

百岁人生，天国团聚

在生命的最后几年，杨绛的听力越来越差，有时朋友和晚辈来拜访她，说的话她几乎一句都听不见。后来，他们就想了个主意，每次用写字跟她交流。虽然听力不好，但杨绛的头脑却很清醒，她总是笑眯眯地跟他们写字"交谈"。

不过，在大部分时间里，杨绛都是一个人在家里，安静又温暖地与丈夫、女儿相会。在她独处的日子里，不论外面的世界多热闹，她都很少关心，更不愿让外面繁芜的世界扰乱自己的清静。

每天，杨绛的生活作息都很规律，睡得比较晚，醒得比较早。虽然很少出门，却坚持在家中锻炼身体，每天给自己规定要走完七千步。她也很在意饮食，平时吃得很清淡，但喜欢用大棒骨熬汤，再用汤煮木耳。

就在大家期待杨绛可以一直这样过下去，至少活到110岁时，杨绛的身体却出现了问题。其实早在钱锺书住院期间，杨绛就经常觉得自己消化不好、头晕，她对钱锺书说，自己一头晕起来就像是一杯水，杯子在旋转，水就跟着旋转，坐着时没什么感觉，一走起路来就像踩在云雾上，飘飘忽忽的。

后来经过检查，杨绛才知道自己得了冠心病，左心室肥厚，主动脉硬化，还有高血压。2011年时，她又查出了心力衰竭。不过，自从女儿和丈夫去世后，她一直"视死如归"，平静而坦然地面对每一天。她寂寞又欢喜地回忆着自己的过去，又沉默而从容地迎接着自己的未来。

2016年5月25日凌晨，105岁的杨绛安静又平和地闭上了双眼，不慌不忙地奔赴有丈夫和女儿在的"新家"团聚，继续他们的快乐。

遵照杨绛的遗言，她火化后再发讣告。她说，不希望自己成为新闻，也不愿意被喧嚣叨扰。她一生如此，死后亦然。

"世界是自己的，与他人无关。"

生如夏花之绚烂，死如秋叶之静美。她悄然谢幕了，"我们仨"终于在天国团聚了。